青木大介

適材適所の
ルアーセレクト

つり人社

適材適所？

ルアーの正しい
選び方。

さよならパターンフィッシング。
"適材適所"を知れば
バス釣りはもっと簡単になる。

よく水のなかに潜って魚を観察していた。
で、わかったこと。
ブラックバスという魚は案外どこにでもいる。
「夏だからバスは日陰に入る。シェードパターンだ!」
などとニンゲンが考えているそばで、
日差しのなかをデカバスが悠々と泳ぎ去っていく。

そもそも「パターン」ってなんだろう?
バスプロ50人が同じトーナメントに出て、
それぞれが違う場所で、違うルアーで魚を釣ってくるわけで。
正解はひとつじゃない。だとしたら、
「パターン」は結果論にすぎないのかも。

でも、もっと簡単にバスを釣る方法があるのだ。
"適材適所"を考えて
正しいルアーセレクトをするだけでいい。
それを伝えたくて、この本を作りました。

青木大介

CONTENTS

バス釣りを簡単にする10のアドバイス 009

適材適所のルアーセレクト［フィネス編］
スピナーベイト 018
ダウンショットリグ 024
ネコリグ 030
スモラバ 036
ジグヘッドワッキー 043
S字系ビッグベイト 047

feature #01
Q&A／青木大介に学ぶ「フィネスサーチ」の思考回路。 052

適材適所のルアーセレクト［スタンダードアイテム編］
テキサスリグ 064
シャッド 070
ノーシンカーリグ 075
フットボールジグ 080
虫ルアー 084
フロッグ 089
メタルジグ 092
メタルバイブ 096
ミドスト 098
I字系ルアー 101

青木大介
適材適所のルアーセレクト

装丁◉IST DESIGN
イラスト◉サトウヒデユキ
企画・編集・写真◉水藤友基

feature #02
104 出撃待機中のスペシャリストたち。
108 ミノー
112 クランクベイト
115 チャター・ブレーデッドジグ系
117 バイブレーション
120 ディープクランク
123 ヘビキャロ
126 バズベイト
128 ペンシルベイト
130 ポッパー
132 ビッグバドほか
134 スイムベイト

feature #03
136 オカッパリのタックルセレクト。

ブラックバスの1年を知ろう
141 冬
143 夏
145 春
148 秋

feature #04
150 青木大介の1日。
未知のフィールドでバスを探す方法

バス釣りを簡単にする
10の
アドバイス

「適切な場所に、適切なルアーを投げれば釣れる」
それがブラックバスという魚だ。
シーズナルパターンだとか、エサの種類だとか、
ルアーによる波動の違いだとか、
難しいことを考えるのはあとまわしでいい。
いますぐ実践できるバス釣りのコツを教えよう。

引っかかる場所には、引っかからないルアーを。

ADVICE 01

この本のタイトルになった"適材適所"という言葉にはいろんな意味が含まれている。そのひとつが「ルアーは、そのルアーに適した場所で使おう」というメッセージだ。

なかでもすぐに実践できるのがコレ。ルアーを「引っかかりやすいモノ／引っかかりにくいモノ」の2種類に分けて考え、オープンウォーターなら前者を、カバーには後者を投げるだけでいい。

これだけでまず根掛かりが減り、キャスト数が増える。バスの目の前にルアーを届けやすくなる。オープンウォーターではフッキング率も上がる。よいことだらけだ。その結果、1尾のバスを手にするチャンスも増える。

ごく当たり前のことだが、きっちり実践するのは意外と面倒。目の前に広がるバラアシでバズベイトを巻き、レイダウンが出てきたのでテキサスリグで撃ち、そばの杭にジグヘッドワッキーを入れ……あなたは本当にやってますか？

ウイードのなかを探るなら、フックがむき出しのプラグは使えないのでルアーチェンジ。単純なことを繰り返し実行するだけで釣果は変わる

もう一歩、前へ。

ADVICE 02

ミスキャストしているうちは釣れない。だから近所の公園でキャスト練習？ それもナンセンスだ。

キャスティングのスキルを磨かなくても、ミスを減らして正確にアプローチできる方法がある。「そのルアーを正確にキャストできる距離」まで接近すればいいのだ。

もちろんねらうポイントに近づけば近づくほどバスに警戒されやすくなる。そのせいで食わないかもしれない。

それでもOK。とにかく近づけ！

ポイントに近づくメリットは、ルアーを正確に送り込めることだけではない。ロッドとルアーの距離

が縮まるおかげでバイトもわかりやすいし、リグをしっかりと操作できてバスを呼ぶアクションを出しやすい。フッキングもこれまで以上にビシバシ決まるはず。

「多少キャストが甘くても遠くからアプローチしたほうがプレッシャーが掛からない」と考えるのは、それこそ甘い。ロングキャストしたほうが着水音がデカくなることも忘れずに。

無理に遠くからキャストすると根掛かりが増え、ポイントをつぶしてしまうことも

ライトリグは「強く」動かせ。

ADVICE
03

クランクやスピナーベイトやビッグベイトが「強いルアー」で、スモラバやネコリグが「弱いルアー」だというのは誤った先入観だ。

たしかに物理的なボリュームは小さいし、水中での存在感も薄い。だからといってライトリグを弱々しく操作してしまうのは失敗のもと。小さいルアーだからこそ「強く」動かして、水中で目立たせなくてはいけない。

しかもライトリグは使うラインが細い＝伸びやすいので、シェイクしているつもりでも、実際にはほとんどルアーが動いていなかったりする。

ロングキャストするとこれはさらに難しくなる。足元の根掛かりは軽いロッドワークで外しやすいが、遠くの木の枝に引っかけるとロッドを大きくあおる必要がある。あれと同じことだ。

ルアーがちゃんと動いているかどうか確認するには、クリアウォーターで練習するのがいちばん。友だち同士で離れた位置に立って確かめあうのもいいだろう。

「巻きモノでサーチ」をやめる。

ADVICE 04

いつも同じような展開でルアーをローテーションしていないだろうか?
「朝はグリグリ巻きモノをやって、釣れなければライトリグを投げて食わせに走り、何尾か釣って終了。まずまずの出来だった」
というぐあいに。朝はフィーディングタイムだから手数を増やしてバスとの遭遇率を上げようと考えるなら、この展開も合理的であるかのように思える。

だがそれは錯覚だ。

そもそも、巻きモノだけではバスの近くにルアーが届いていないことが多い。クランクベイトやシャッドなどをカバー奥に送り込めないのはもちろんだが、スピナーベイトだって万能ではない。

仮に朝から巻きモノで押し通した場合、得られる情報は「巻きモノで釣れた/釣れなかった」ということだけ。バスをキャッチできればまだしも、釣れなかったときはイチから組み立て直すことになってしまう。

ブッシュがあればテキサスリグで撃ち、杭があればノーシンカーやジグヘッドワッキーを落とし、広いリップラップが出てくればクランクを巻き……つまりは"適材適所"のルアーセレクトを続けることで、その日に効くルアーや魚の居場所が見えてくる。これこそ、合理的かつ理想的な展開だ。

「いやいや、朝イチからスローダウンするなんて無理!」と思った人は52ページへどうぞ。ライトリグ=スローダウンという発想は、僕にはない。

スモラバでピックアップ中の反応が多いことに気づき、スピナーベイトに変えてキャッチ。巻きモノ→ライトリグという展開がすべてではないのだ

ウエイト別に揃えよう(ケチらずに)。

ADVICE 05

雑誌の記事などには使ったタックルのデータが掲載されていることが多い。たとえば、スピニングタックルで使うスモラバの欄に「Dジグ1.4g」と書かれていたとしよう。
「そうか、青木大介が使うスモラバは1.4gなんだ」

読者はこう思ってしまうかもしれない。が、実際はフィールドで0.9gも1.8gも投げていて、そのなかで引っかかりやすさだとか流れの強弱を考えて、たどり着いたのが1.4gだったにすぎない。同じ場所でも、次の日はバスが浮き気味になっていて0.9gが爆釣するかもしれないのだ。

　タックルバランスの違いも影響する。僕は1.4gを3ポンドラインで投げていたのに、読んだ人が5ポンドを巻いたタックルで真似してもボトムが感知できなくなってしまうだろう。

　"適材適所"という言葉には「その場に適したウエイトを使う」という意味合いも含まれる。特にライトリグは、苦手な人ほどワンランク重いシンカーにしたほうが操作しやすくなり、結果的によく釣れる。

　ネイルシンカー、ダウンショットシンカー、スモラバ、ジグヘッドなどのウエイトはせめて2〜3種類ずつ用意しておこう。

釣りが上手い人ほど軽いウエイトを使いがち。それでもボトムを取れるし、ルアーを操作する技術があるからだ。ライトリグが不得意な人は「やや重め」のウエイトでしっかりボトムを取ることをオススメしたい

1箇所で粘ることの無意味さ。

ADVICE 06

　朝、フィールドに出たらまず早い段階で全域を1周しよう。それが無理なほど広ければエリアを絞るか、2〜3時間のうちにいろんな要素（岬、ワンド、バックウォーター、カバーのある場所とない場所、など）を見て回る。もちろん釣りをしながら、"適材適所"にルアーを変えながらだ。

　そのなかで「ここはバスがいそう!」と感じるポイントがあったら、どうすべきか?

　たとえば雰囲気ムンムンのゴージャスなレイダウン。手を替え品を替え、いろんなルアーを通してみたくなる。テキサスで撃ったけどスモラバじゃないと食わないかもしれない、いやいや、フロッグや虫ルアーで水面を攻めたほうが反応するかも?

　しかし、まだバスを探している段階でワンスポットに足を止めすぎるのはダメ。だって、その日のバスはまったく別の場所に集まっているかもしれないのだから。どうしても気になるなら、後半にもう一度入り直して別のルアーを投げればいい。

　ゴージャスなレイダウンを通過後、うしろから来たボートに抜かれてしまうかもしれないが……それはそれ。「オレには釣れない魚だった」と考えよう。

水深3m以内を釣れ。

ADVICE 07

釣りの専門学校で講師をやっていたころ、学生によく言っていたこと。
「何もわからなければ浅いところだけ釣ってろ」
投げやりに聞こえるかもしれないが、これをバカ正直に実践してトーナメントで優勝したヤツもいたので、あながち間違ってもいないだろう。

浅いところ、というのは「水深3m以内」。年間を通じてもっともバスの多いレンジだ。理由はいろいろあるが、シャローのほうがバスにとってエサを捕食しやすい環境が整っているのだと思う。

真冬も例外ではない。ディープのほうが魚が多いとしても、いちいち魚探をかけて釣れそうな場所を探すのは時間がかかる。厳寒期でも3m以内に留まるバスはいるし、そのほうがディープより食わせやすかったりする。

前のアドバイスで「まず1周しよう」と書いた。厳密に規定するなら「水深3mより下は捨てて、浅いところだけ釣りながら湖を1周する」のが、特に初見のフィールドでは有効なバスの探し方だ。

「バスは水深3m以内が好きな生き物」と考えれば、釣りはとてもシンプルになる

ルアーを絞るな。たとえ1尾釣れても。

ADVICE 08

朝イチにいきなりクランクベイトで釣れたとする。
「今日はクランクだな!」
そう考えて1日投げ続けたらどうなるか? これもドツボにハマるパターンだ。
パターンフィッシングという言葉が浸透して以来、アングラーの多くは「今日の答え」を探しながら釣りをするようになった。それによって面白さが増した部分もあるが、逆に釣りの幅を狭めてしまっている気もする。

だいたい、1～2時間釣りをしただけでその日の「答え」にたどり着けるわけがない。3～4時間経って、ようやく見えてきたかな? と思ったらまた釣れなくなって5～6時間経過。やばいやばいどうしよう、と必死に工夫して、ルアーをローテーションしまくって、かすかな手がかりに気づいたところで……タイムアップ。

これが、普段のトーナメントや取材で僕がやっていることの実態だ。考え続け、探し続ける以外に「本当の答え」を掴む手立てはない(まぁ、そんなものがあるかどうかも微妙なところだが)。

すべてをカバーできるタックルはあるか？

ADVICE 09

"適材適所"でルアーを使うためには、いろんなものを投げられるタックルが必要だ。荷物が制限されるオカッパリやレンタルボートの場合、1本である程度カバーできる"ひとり3役"くらいのタックルが望ましい。たとえばレンタルボートに4セット積むとして、ある人がこんなタックルを持ってきたとしよう。

①6ft6inミディアムヘビーパワー（テキサスリグ用）
②6ft9inミディアムヘビーパワー（バックスライド用）
③7ftヘビーパワー（ラバージグ用）
④6ft6inミディアムライトパワー（ベイトフィネス用）

カバー撃ち大好きなんだな～とひと目でわかるセレクトだ（笑）。でも、これなら4本も要らない。①～③は基本的にどのタックルでも扱えるので、僕なら③と④だけに絞り込む。

その代わりに、ライトリグ用のスピニング1本、そして巻きモノが使える6フィート6インチ前後のミディアムパワーのベイトタックルを新たに追加。これでカバーからオープンウォーターまでそつなくこなせるはず。もちろんフィールドや時期によってもセレクトは変わる。オカッパリとレンタルボート、それぞれのケースで僕なりのタックルを選んでみたので参考にしてほしい（136&152ページ）。

シーズナルパターンを無視したレベルアップ術。

ADVICE 10

「春はスポーニングベッドを作りやすいワンド状の地形やハードボトムがキーになる。そしてメスはワンドの入り口の"コンタクトスポット"で待機している」
　季節ごとのバスの動きは"シーズナルパターン"と呼ばれる。しかしその知識だけでバスが釣れることは、ハッキリいってほとんどない。

一方で、シーズナルパターンをまったく知らなくても、キャストが抜群に上手だったらバスは釣れる。トーナメントで勝ちまくるのは無理でも、休日を楽しく過ごせる程度には釣れるはずだ。

すると不思議なことが起こる。

「この時期はこんな場所でこんなルアーに食うんだな」

たくさん釣るうち、バスの生態がなんとなく体得できてしまうのだ。現場で身につけたシーズナルパターンは、本で読んだ知識より何倍も役に立つ。

僕も以前はとにかく釣りまくって、そのなかからヒントを掴むというスタイルで試合に臨んでいた。芦ノ湖と河口湖で鍛えたサイトフィッシングという武器があったから、苦手なマッディーウォーターでもどうにかこうにか戦えていたのだ。成績にはかなり波があったけれど（笑）。

難しく考えるのをやめて、とにかく数を釣ることでレベルアップを目指すのもひとつの方法。そこで有効なのが"フィネス"を軸にしたルアーセレクトの方法だ。次の章ではこれを詳しく見ていこう。

適材適所
のルアー
セレクト

フィネス編

最初に取り上げるのは
僕の釣りのベースになっている
フィネスなルアーたち。
単にライトリグを意味するのではなく
「使いどころが多い、万能」
といったイメージを指す。
さまざまな状況に対応できる
"自由"なアイテムだ。

シャロー全域をカバーするオールラウンダー
スピナーベイト

おもな特徴	シャロー〜ディープまで対応可能。水がクリアでもマッディーでも釣れる。カバーに引っかかりにくい。
Season	春◎ 夏◎ 秋◎ 冬△
Tackle	ベイトタックル（フロロ12〜14ポンドライン）

DSTYLEスピナーベイト（プロトタイプ）／ハイピッチャー

引っかからないハードルアー

　"フィネス"という言葉からスピナーベイトを連想するアングラーは少ないと思う。このルアーの一般的なイメージは「スピーディーに探れる巻きモノ、リアクションバイトを生む強いルアー」といったものだろう。だが、僕にとってこれは明らかにフィネスなアイテムのひとつだ。

　曲がったワイヤーの一端にブレード、もう一端にフックとスカートを付けたスピナーベイトは、フックがむき出しになっているにもかかわらず、カバーに根掛かりしづらい構造を持っている。

　パラアシやガマ、ウイード、レイダウンや混みいったブッシュなどの奥にどんどん投げ込んでいってもOK。かなりの確率でカバーを乗り越え、ヒラを打って根掛かりを回避しながら手元に戻ってきてくれる。

奥のアシにキャストして、手前の杭なども同時にチェック。スピナーベイトのよさが光る典型的なシチュエーションだ

この「引っかからない／引っかかりにくい」という要素は、ルアーを使い分けるうえでもっとも大事なポイントのひとつだと、僕は考えている。

なぜか？

引っかかりにくいルアーは、カバーを釣ることができる。と同時に「カバー以外」も攻められる。スピナーベイトで釣った経験がある人なら、障害物のないオープンウォーターを巻いているときにもバイトが得られることを知っているはず。

つまり、次々と目の前に現われるポイントに対してルアーを変えずにキャストを続けられるわけで、スピナーベイトを"フィネス"と呼ぶ理由はここにある。キャストの回数が増え、アプローチできる場所も広がる、非常に効率のいいルアーなのだ。

スカートの色は水に合わせるのが基本。濁っていればチャート系やゴールド系、クリアなら透明感のある色を選ぶ。ただしチャート1色などの派手すぎるものはあまり使わない。迷ったら白系が無難だ

[Finesse]

スピニングタックルに細いライン、小さなワームでバスに口を使わせる—— 一般的な"フィネス"のイメージはこんな感じだろうか。本来は「技巧、巧妙な処理」を意味する単語だが、本書では「さまざまなシチュエーションで使える対応力の広いルアー／またはそれを使った釣り」というイメージで使っている。

広いレンジに対応可能

ひとつのルアーでいろんなレンジを探りやすいのもスピナーベイトの長所だ。

リールをすばやく巻けば浮きあがって水面直下を引けるし、リトリーブを遅くすれば深い場所もトレースできる。横方向だけでなく縦方向にも探れる幅が広い。

ただしウエイトやブレードの形状によって得意な局面は変わってくる。

僕がもっとも多用するのは3/8オンスのダブルウイロー。これを水深1mまでのシャローレンジで巻くケースが多い。基本的なリトリーブスピードは1秒間にハンドル1回転強くらいだ（リールのギア比が6.4対1の場合）。だいたい水面下50〜80cmをルアーが泳いでいるイメージだろうか。

それよりも深いレンジを通したい場合は1/2オンスの出番で、使うのは水深3mくらいまで。もちろん、3/8オンスのモデルをゆっくり巻けば3mだろうが5mだろうがチェックできるのだけど、よっぽどの理由（軽いスピナーベイトでオダを舐めないと食わない、など）がないかぎり、最初からそういう攻め方はしない。スピードが遅すぎて効率が悪いから。

仮に水深4〜5mを攻めるとしたら、まずはダウンショットやネコリグ（＝引っかかる場所）、フットボールジグやディープクランク（＝引っかからない場所）などから入るだろう。スピナーベイト以外に効率よく攻められるルアーがあればそっちを選ぶ。"適材適所"とは、そういうことだ。

同様の理由で3/16〜1/4オンスの軽いモデル、または5/8〜1オンス前後のヘビースピナーベイトも、僕のなかでは一軍アイテム（いつでもどこでも持っていくルアー）ではなくなっている。

使うのはダブルウイロータイプ（下）が8割以上。速巻きもスローロールもフォールもこなしやすいのがこのブレードだ。フィールドで必要だと感じたらダブルコロラドに変える。ウイードに絡みやすい場所では前側のブレードをカットしてシングルウイローにすることもまれにある

ほとんどの場合にトレーラーフックを付ける。フッキング率は大幅にアップするが、根掛かりしやすくなるのがデメリット

フォールを活かすコロラドブレード

ウイローリーフ（＝ヤナギの葉）型のブレードは、同じ番手のコロラドタイプと比べると、受ける水の抵抗が少ない。軽い巻き心地でクルクルとスピーディーに探っていける。

一方のコロラドブレードは「ブルンブルン」と水を強くかき回す。ラインを軽く張ったままフォールさせると、ブレードを回転させながらウイローリーフよりもゆっくりと落ちていく。

この特徴を活かして、リトリーブの途中にフォールを入れる場面で使うことが多い。

たとえば夏の霞ヶ浦水系では、ダブルコロラドで護岸際を撃って中層に浮いているバスをフォールでねらう。ノーシンカーでもいいが、スピナーベイトのほうがてっとりばやい。

ちなみに「コロラドは波動が強いので濁った水で効く。クリアウォーターならダブルウイロー」といった考え方も一般的だが、僕はあまり気にしていない。どういうアプローチで使いたいのかを軸にセレクトしている。

フロント側のブレードがコロラド、リアがウイローリーフの「タンデムウイロー」というタイプもあるが、見た目の一体感が損なわれるのでほとんど使わない。

そもそもバスが見たときに「小魚の群れ」のようなイメージを与えたほうが効果的だと思うので、前後のブレードは同形状のほうが望ましい。ルアーの特性としても中途半端だ。

DSTYLEで開発中のスピナーベイトは、フォール中にブレードが回転しやすい独自のワイヤー形状。浅いレンジから深い場所まで1個のウエイトでカバーしやすい

ブレードはシルバーとゴールドが基本。この使い分けはあまり気にしていないが、よっぽど濁っている場合にはカラーブレード（右）を使うことも。ガンメタリック系（左）は晴れているときに定評がある

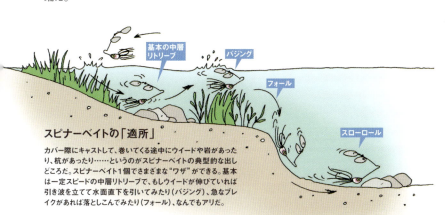

スピナーベイトの「適所」

カバー際にキャストして、巻いてくる途中にウイードや岩があったり、杭があったり……というのがスピナーベイトの典型的な出しどころだ。スピナーベイト1個でさまざまな"ワザ"ができる。基本は一定スピードの中層リトリーブで、もしウイードが伸びていれば引き波を立てて水面直下を引いてみたり（バジング）、急なブレイクがあれば落としこんでみたり（フォール）、なんでもアリだ。

で、結局スピナーベイトの「適所」は?

　真冬以外ならほとんどの時期に出番がある。冬でも釣れるけれど、フッキング率が下がるからほかのルアーがメインになりやすい。

　「小魚の群れのイメージ」と書いたが、バスがエビを食っているときでも釣れる。エサの種類に左右されないルアーのひとつである。

　しかもどんな場所にも対応できる……と言われると、使う場面が多すぎて迷ってしまうかもしれない。「風が吹いたらスピナーベイト」という名言もあるが、無風でも釣れるときは釣れるのだ。

　あえて使いどころを言葉にするなら「キャストした先からアングラーまでのあいだにヘビーすぎない濃さのカバーが点在している場所」が、もっともスピナーベイトの活きるシチュエーションだと言えるだろう。

　スピナーベイトを通せない密度のブッシュが連続しているロケーションだと、テキサスリグなどで撃っていくほうが「効率がいい」。

　たとえば亀山湖はカバーが多いフィールドだが、最初からスピナーベイトで探っていくのはレアケース。急深な場所が多いので、カバーのそばにキャストして

スピナーベイトに適さない地形

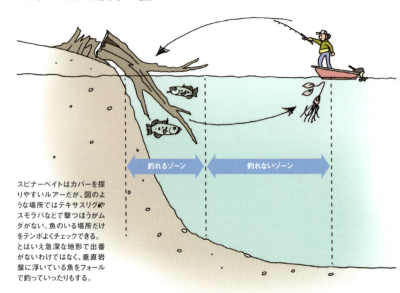

スピナーベイトはカバーを探りやすいルアーだが、図のような場所ではテキサスリグやスモラバなどで撃つほうがムダがない。魚のいる場所だけをテンポよくチェックできる。とはいえ急深な地形で出番がないわけではなく、垂直岩盤に浮いている魚をフォールで釣っていったりもする。

奥に見えるアシとの距離感に注目。スピナーベイトはロングキャストするのではなく、障害物を撃つような距離感で使うことがほとんどだ。サイドキャストやアンダーハンドで正確に入れていく

もバイトチャンスは巻きはじめだけであり(左のイラスト参照)、リトリーブの後半がムダになって「効率が悪い」。

まとめると「印旛沼や牛久沼のようなシャローフラットで、広い範囲に生えるパラアシに絡めながら引いてくる」といった条件がオーソドックスだろう。水深2〜3mのウイードフラットが多いハイシーズンの河口湖などでも重宝する。

ただし！

クリアウォーターで見えバスの鼻先に落として食わせる、といった芸当も可能なルアーだということを忘れないでほしい。スピナーベイトは"フィネス"。かなり自由度の高いルアーだ。

ダウンショットリグ

使うワームで個性が変わる万能ライトリグ

おもな特徴	ウエイト調節が容易で、シャロー〜スーパーディープまで使用可。フッキング率が高い。カバーにはやや弱い。
Season	春◎ 夏◎ 秋◎ 冬◎
Tackle	スピニング（フロロ4ポンドライン）／ベイトフィネス（フロロ8〜10ポンドライン）

5インチスリムヤマセンコー／4インチカットテールワーム／2.5インチレッグワーム／フーラ3&2.5インチ

フッキングのよさを活かす

　ドロップショットやアンダーショットとも呼ばれるこのリグは、日本で考案された比較的新しいメソッドだ。"フィネス"に含まれるライトリグのなかでは、ほかのリグの特性と似た部分も多く、中間的な存在と言えるだろう。

　シンカーが下部にあってリグ自体が水の抵抗を受けにくいのでフォールスピードが速い点（後述するワッキー掛けを除く）はネコリグと似ている。水深30㎝くらいのドシャローから10m超のディープまで対応可能なのも同じだ。

　また、バスがボトムを意識していてスモラバやジグヘッドワッキーで釣れている場合、リーダーを短めに設定したダウンショットリグでも食ってくる可能性はある。

　じゃあほかのリグでいいのでは？

　と思えなくもないが、ダウンショットリグには「ハリ掛かりのよさ」という大きな特

ワームをノーシンカー状態で吸い込めるせいか、ダウンショットはフッキング率が高い

徴があるのだ。ワームがシンカーと離れているぶん、バスが吸い込んだときにスルッと口のなかに入りやすいのだろう。

　ワームの大きさにもよるが、フッキング率の高さは「ダウンショット＞スモラバ＞ジグヘッドワッキー＆ネコリグ」という感じ（ただしガードがなければスモラバが最上かも）。

　そのほかには、ベイトフィッシュばかり食っているような状況でもダウンショットリグに軍配が上がりやすい。ワームがボトムから少し離れている点や（ゴリなどを除けば底ベッタリを泳ぐ小魚は少ない）、ワッキー掛けでなければほかのリグほど強くは水を押さないのが理由だろう。

　これがデメリットになることもある。水押しが弱い＝バスに気づかれにくいということ。水の透明度が低いフィールドで浅いレンジを釣っていくようなときは、ダウンショットよりもスモラバやジグヘッドワッキーの出番が増える。

　とはいえ、レッグワームやカットテールのダウンショットリグは霞ヶ浦水系の定番のひとつ。マッディーだから使わない、という意味ではないことに留意してほしい。

水の抵抗を受けにくいので、深いレンジまでスーッと落としやすいのはネコリグと似ている。同ウエイトならボトムを感知しやすいのはダウンショットリグ。ちなみにレッグワームとトルキーストレート4.8インチなら、後者のほうがフォールスピードが速い（シンカー1.8gの場合）

意外に速いレッグワームの釣り

　僕がダウンショットで多用する4つのアイテムのなかで、いちばんテンポが速いのはレッグワーム。シルエットが小さいためアクションも弱いように思われがちだが、実はテールがしっかりと水を動かす「ブリブリ」系のワームである。

　この「ブリブリ」をしっかり引き出すのが、レッグワームを使う最大のポイント。ボトムで止めてじーっとシェイク……ではダメ。ロッドで「トントントン」「スーッ、スーッ」と動かしてワームを持ち上げ、ボトムに落とす、という動作を繰り返す。

　この「持ち上げる」というのがキモで、これによってフォール中にもしっかりと水を押すアクションが出せるのだ。ロッドワークで誘うというより、ワーム本来の動きで食わせるアイテムだといえるだろう。リーダーを10㎝前後と短めに設定するのも、ワームとシンカーを近づけてレスポンスのいい動きを出すためだ。

　シンカーが軽いとフワフワしすぎてこのアクションが出しづらいから、最低でも1.3g以上をセットしよう。スピニングタックルで使うのはほかに1.8g、2.3g、2.7g、3.5gまで。さらに重いシンカーを使ったり、消波ブロックなどのまわりで太いラインを使いたい場合はベイトフィネスのタックルに変える。ウエイトは2.7g、3.5g、5g、7g程度。基本的にはレンジが深くなるほど重いウエイトを選び、引っかかりやすければ軽くする。

　また、秋口に急に冷え込んだときなど、重めのシンカーを選んだほうが反応しやすいケースがある。「リアクションダウンショット」と呼ばれる方法だ。上下の動きがクイックになり、そのスピード感でつい口を使ってしまうのだろう。フットボールジグの動きをよりコンパクトにしたようなイメージだ。

　リアクションで使いたい場合は、スピニングタックルなら2.3～3.5g（4ポンドラインの

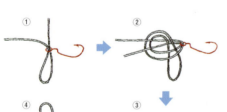

←端イト

ダウンショットリグの結び方
①ここから③まではパロマーノットの手順（ほかの結び方でもOK）。通したラインを再び逆方向へ戻して輪を作る
②輪を図のように通し、軽く締める。余った端イトがリーダーになるので長めにしておく
③フックを輪のなかにくぐらせて締め込む
④端イトをアイに通す
⑤端イトの先に結びコブを作る
⑥シンカーのハリス止め部分をコブの上に引っ掛けて、完成

根掛かりしない場所でもレッグワーム(下)にはオフセットフックを使う。操作がスピーディーなのでバスが後ろ半分しかくわえていないことがあり、マスバリだとワームだけ取られてしまうのだ。フーラ(上)はスローに扱うので、オープンなエリアではマスバリのほうが動きの自由度は高い。ただし縦刺しの場合はオフセットフックでボディーを固定したほうがテールの動きが活きる

丸い形状のシンカーはボトムを感知しやすい反面、やや引っかかりやすい。根掛かりの多い場所では棒状のタイプがおすすめ。どちらも異なるウエイトを揃えておくことが大事。スピニングなら1.3gと1.8g、ベイトフィネスなら3.5gと5gが最低限必要だ

場合)、ベイトフィネスだと5〜7gシンカーを使う(8〜10ポンドラインの場合)。ラインが細いほどフォールスピードが速くなるので、軽いシンカーでもリアクションの効果が出しやすい。

こんなふうに、レッグワームのダウンショットは投入できるシチュエーションが非常に多いリグである。「ライトリグ＝スローに動かすもの」というイメージを裏切るハイテンポな釣りが可能だから、目に見えるモノを点で探るもよし、バンク際に投げてブレイクまで引っぱってくるのもよし。初見のフィールドで使うサーチベイトとしても優秀だ。

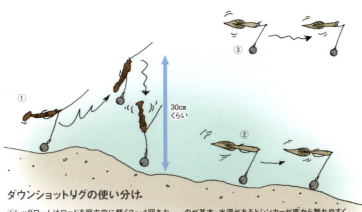

ダウンショットリグの使い分け

①レッグワームはロッドを縦方向に軽く3〜4回あおってフォール、の繰り返し。「持ち上げて、落とす」ことを意識しよう。動かす縦幅は30cmもあれば充分だ。重めのシンカーでリアクションをねらうときもロッドワークを強める必要はない

②フーラ2.5&3インチはシェイクしながら横移動させるのが基本。水深があるとシンカーが底から離れやすくなるので、ボトムにタッチしている感覚が掴めなければウエイトアップする

③中層のミドスト(スイミング)で使うことも。シェイクしながらリトリーブする。ロールの動きを出しやすいフーラの縦刺しセッティングがこの釣りに向いている

2系統のアクションが出せるリーチ系

　ダウンショットは使うワームによって性質が変わりやすい。ハイテンポに探れるレッグワームとは対照的に、ゆっくりとシェイクしながら移動距離を抑えて誘いたいときに投入するのはリーチ系のワーム。現在はDSTYLEで作ったフーラ（2.5インチ＆3インチ）を使い分けている。

　季節を問わないという点ではレッグワームと同じだが、展開がスローになるので、バスを探している段階では使用頻度が低い。「このあたりのエリアに多そうだな」という絞り込みができてから投入すべきアイテムだろう。

　また、どちらかといえばクリアウォーターでの実績が高い。濁ったフィールドでもハマる可能性はあるが、水押しが弱いのでバスに気づかせにくく、使うならより丁寧に、撃つ間隔を狭めて探っていく必要がある。

　このワームの大きな特徴は、フックの刺し方によって異なる動きが出せること。テールのフラットな面を上にする「横刺し」であれば、ピラピラピラ〜と上下にはためくようなアクションになる。一方、フラット面を縦にしてフックをセットするのが「縦刺し」。この場合はロールの動き（ボディーを左右に倒すアクション）が強くなる。

　では、どのような状況でどっちのアクションが効くのか？

　「小魚を食っているときや中層でスイミングさせるなら縦刺し、ボトムで誘うなら横刺し」といった傾向もあるけれど、決めつけるのはダメ。バスが追ってきて食わないから縦横を変えてみる、といったぐあいに両方やってみよう。

テールの面と平行にフックを通す「縦刺し(上)」。アクションさせるとテールが左右にねじれながら「グネングネン」と動く。中層でミドストをするときはコレを多用。横刺し(下)はボトムで使うことが多い。テールは水を叩くように「ヒラヒラ」と動く

　特に七色ダムのような超クリアウォーターだと、バスがルアーをじっくり観察できるので2.5インチか3インチかで反応が変わってくることも。わずか1cmほどの差だが、どちらのサイズも用意しておいたほうがいい。

　使うタックルはスピニングのみ。0.9〜1.8g程度のシンカーを使うことがほとんどで、よほど深いレンジまで入れ込むときでも3.5gが限度だろう。重いシンカーでストン！と動かす釣りには向かない。また根掛かりの少ないところではフッキングを優先してマスバリを使う。

　リーダーは約20cm。フワフワゆ

っくり動かすものなので、レッグワームより心持ち長めに設定する。池原ダムなど大半の魚が中層に浮いているところでは30㎝くらいまで長くすることもある。

そのほかのバリエーション

リーチ系のダウンショットに少しパワーを足したもの、という位置づけなのが4インチカットテールワーム。細長いシルエットは食いごろサイズの小魚をイメージさせるので、エビ系のエサよりもベイトフィッシュを捕食している状況で効く。マッディーなフィールド、たとえば霞ヶ浦水系の杭撃ちなどで出番の多いアイテムだ。

杭などの狭いスポットを撃っていくときに多用するのがカットテールや5インチスリムヤマセンコーのヘビダン

ただし1点でシェイクしているとテールが下がり気味の姿勢になってしまい、いい動きが出せないので、ボトム付近で横移動させながらピコピコ誘う、という使い方が基本だ。

シンカーはスピニング（4ポンドライン）なら1.3〜1.8g、ベイトフィネス（8〜10ポンドライン）の場合は3.5〜7gがメイン。フォールスピードの速さを活かしてリアクション気味に反応させることもできる。

カットテールよりも強い波動で誘えるのが、5インチスリムヤマセンコーをワッキー掛けにしたもの。リグはダウンショットだが、動きの質はむしろジグヘッドワッキーに近い（43ページ）。

同ウエイトであればフォールスピードも動きもジグヘッドワッキーと大差ないが、ダウンショットにしたほうが移動距離を押さえやすい。1点シェイクで誘ったり、スイミングでスローにレンジキープしたいときに投入する。

また、ワッキー掛けにしたワームの動きはエビ類を食っているバスに効きやすい。ほかのダウンショットリグとは異なる波動が出せるのも、このリグの特徴である。いずれもリーダーは10㎝前後だ。

ワームのカラーは水に馴染むようなものを選ぶ。クリアウォーターでは透明感のある色、マッディウォーターならグリパンやブラウン系。濁ったからといって「色を派手にしてアピールする」のではなく、ルアー自体を波動の強いものに変えるのが僕のやり方

ネコリグ

ボトム＋カバーが得意なオールレンジテクニシャン

おもな特徴	フォールが速く、シャロー〜スーパーディープまで使用可。カバーやリップラップ攻略にも向く。
Season	春◎　夏◎　秋◎　冬△
Tackle	スピニング（フロロ4ポンドライン）／ベイトフィネス（フロロ8〜12ポンドライン）

トルキーストレート3.8インチ、4.8インチ、5.8インチ

ダウンショットリグとの類似点

　ストレートワームの一端にネイルシンカーを入れ、マスバリタイプのフックをセンターに掛けたものを「ネコリグ」と呼ぶ。

　フックの位置や全体のシルエットだけを見ればジグヘッドワッキーと似ていて、ワッキー掛けによる水押しの強さなど、アクションの質も近いものがある。しかし実際はダウンショットとの共通点が多いアイテムだ。

　ジグヘッドワッキーが水平姿勢でゆっくり沈んでいくのに対し、ネコリグは同じ重さのシンカーを使っていてもスーッ！　とすばやくフォールする。ダウンショットリグと似ているのはこの部分。ネコリグは「ボトムをきっちり探る」ことに長けたルアーなのだ。

　では、ダウンショットよりネコリグが活きる状況とは？

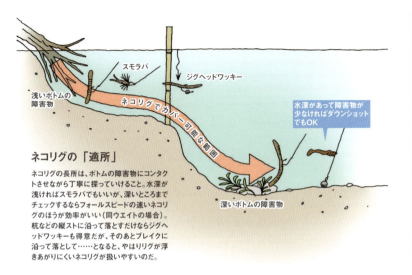

ネコリグの「適所」

ネコリグの長所は、ボトムの障害物にコンタクトさせながら丁寧に探っていけること。水深が浅ければスモラバでもいいが、深いところまでチェックするならフォールスピードの速いネコリグのほうが効率がいい（同ウエイトの場合）。杭などの縦ストに沿って落とすだけならジグヘッドワッキーも得意だが、そのあとブレイクに沿って落として……となると、やはりリグが浮きあがりにくいネコリグが扱いやすいのだ。

　ずばり「引っかかりやすい場所」である。ネコリグはその構造上、水中のオダやブッシュ、リップラップなどにスタックしづらい。マッディーシャローに多い捨てアミや土嚢など、厄介な障害物も高確率でクリアしてくれる。もちろん、ダウンショットでもシンカーを軽くすれば引っかかりにくくなるのだが、軽くすればするほど「ボトムを丁寧に」という動作が難しくなってしまう。

　「引っかかりにくいルアー」という点では、スモラバとも優劣をつけがたい。水深1mくらいなら、どちらで探っても効率はほぼ変わらないだろう。

　ただしスモラバはフォールスピードが遅いので、ねらうレンジが深くなればなるほど時間が掛かる。

　また、オダなどを丁寧に舐めていくのにもスモラバは向いていない。ラバーが水の抵抗を受けて浮きあがりやすいためだ。

　整理すると「やや深いレンジの沈みモノを、タイトにじっくり探っていきたい状況」こそが、ネコリグの独壇場だといえるだろう。

水深2〜3mにオダが沈んでいる。スモラバではタイトに探りづらく、ダウンショットでは引っかかる。ネコリグはこんな場所が得意。オープンな場所でも、水深4mより深ければダウンショットよりネコリグの出番が増える

トルキーストレート

　ネコリグに使用するワームは、あまり塩が入っていない低比重のものがいい。
　高比重のワームは自発的なアクションが持ち味であり、ジグヘッドワッキーやノーシンカーリグ、スモラバトレーラーに使うと魅力的な動きを見せる。
　ところがネコリグではボトムで倒れ込みやすくなってしまい、せっかくの根掛かり回避能力が削がれる結果に……。
　途中でステイを入れて倒れ込むアクションで食わせる、といった使い方をするならアリかもしれないが、ネコリグは基本的に「ずっとアクションさせ続けて使うもの」というのが僕の考え。したがって、やはり適度な浮力を備えたワームが理想的だ。なおかつロッドワークに敏感に応じてくれ、しっかり誘えるアクションが出るもの。
　そんなイメージを元に作ったネコリグ専用ワームが「トルキーストレート」である。サイズ別に3タイプがあり、ベースになるのは4.8インチ。シェイクしたときにテールとヘッドがどちらも水を押してくれるように、適度な柔らかさのある素材を採用しつつ、カバーに絡めやすい張りもキープしてある。
　フックを刺す位置はワームによってベストなポジションが違う。原則は「ワーム全体がしっかり動くポイント」。テールだけがピクピク動いていてもダメで、シンカーを入れたヘッド側も含めてアクションしているか確認しよう。

トルキーストレート5.8インチ
4.8インチ
3.8インチ

ワームのサイズは「存在感」で変える。4.8インチをベースに、たとえば琵琶湖のウイードエリアなら5.8インチから入る。デカバスが多いからではなく、ウイードのなかでも目立たせるためだ。逆にクリアウォーターで食わせ寄りにするなら3.8インチに落とす

使うネイルシンカーのウエイトは、岸際〜水深3mくらいまでは0.9gでおおむねカバーできる。

　ただ、これは使うタックルやアングラーの技量、波風の有無にも影響されるところが大きい。なるべく軽いものを選びつつ、ボトムに接している感触がなければ逆に重くしていく。

　もう少し突っ込んだ話をしよう。

　仮に水深3mのフラットを探るのであれば、最初から1.3〜1.8gのシンカーで落としたほうがてっとり早い。しかし、そもそもネコリグで釣っていくときは「浅いほうに投げる→着底→ボトムで動かしながら深いほうorブレイクまで引っぱってくる」といった使い方をする場面が多い。そこで、シンカーも浅いほうのレンジに合わせて「0.9g」となるわけだ。

　イレギュラーな使い方として、すばやいフォールにリアクションで食ってくるようなときはあえて重いシンカーをセットすることもある。

　最後にネコリグが苦手なシチュエーションをひとつ。

　バスが中層でベイトフィッシュを追っているようなときは、絶対に食わないわけではないが、反応が悪くなりがちだ。ボトムでコチョコチョ動くルアーなので、おそらくバスにとってはエビ系のエサとして認識されているのだろう。

　そんなときは中層をスイミングさせてみるのも手だ。トルキーストレートの場合、シェイクしなくても巻くだけで「プルプルプル……」というアクションが出せる。

ワームに直接フックを刺すと何度もキャストするうちにちぎれてしまう。これを防ぐために使うのが専用のチューブ。熱収縮チューブをライターであぶるなどの方法もあるが、最近はワームプロテクトチューブを使っている

ベストなフック位置はワームによって異なる。トルキーストレートは最後尾のクビレが目印。右はスワンプクローラーの例

カバーを撃つ「スナッグレス・ネコ」

そもそも障害物に強いネコリグを、さらにカバーの奥へねじ込みたい。そんな発想から生まれたのが、N・S・Sフックを使った「スナッグレス・ネコリグ」というテクニックである。

従来のマスバリを使ったネコリグでは、たとえガード付きでも撃てるカバーに限界があった。しかしスナッグレス・ネコはテキサスリグを入れたくなるような密度の濃いブッシュやベジテーションも貫通させやすく、回収時の根掛かりも大幅に減らせる。

このリグが登場したことで「ネコリグをカバーに入れてしっかり誘う」という釣りが可能になった。

カバー撃ちに特化したスナッグレス・ネコリグ。「ボトムまで落としやすい」というネコリグの特性を「カバーの貫通力」に置き換えたナイスアイデアだ。テキサスリグほどではないが、カバー用のスモラバより貫通力は高い

スナッグレス・ネコで釣った野尻湖のロクマルオーバー。水深のあるレイダウンをスモラバで撃ったが、ボトムまで落とすためにネコリグに変えたところ反応した

クリアウォーターなどでは10インチカットテールを使うことも。水押しの強さというよりも、視覚的なインパクトを与えるビッグベイト的なアイテムだ。トルキーストレート4.8インチ（下）と比べるとボリュームの違いは歴然

テキサスリグは基本的に「落として食わせる」だけのルアーなのだが（64ページ参照）、それだけでは反応しなかったバスに口を使わせることができる。

「誘う」という意味では対カバー専用のスモラバと似ているが、貫通力はスナッグレス・ネコリグのほうが上だ（同ウエイトの場合）。

アクションさせたときの波動もかなり異なるため、スモラバで食わない魚がネコには反応する、というケースもあるだろう。スピナーベイトとクランクベイト

ネコリグ用のネイルシンカーにはさまざまな形状がある。まずはウエイト別に2〜3種類を揃えておこう

では釣れる魚が違うようなもので、カバーに潜むバスを食わせる手段が新しく増えたというわけだ。

使うネイルシンカーのウエイトはカバーの濃さ、およびその場所の水深に応じて変える。トルキーストレート4.8インチだと軽くて1.8g、入りづらいところでは3g前後までを使い分ける。

太めのラインを使うのでベイトフィネスタックルが扱いやすい。多用するのは8〜12ポンド程度。細いほうが軽いシンカーでもカバーのすき間に落としやすい反面、強引なやりとりができなくなる。掛けたバスを確実にランディングするには12ポンドを巻いておいたほうが安心だ。

スモラバ

根掛かり回避性能No.1のパワフルフィネス

おもな特徴	とにかく引っかかりにくい。小粒ながら水押しが強くアピール大。エビにも小魚にも虫にも化ける。
Season	春◎ 夏◎ 秋◎ 冬◎
Tackle	スピニング（フロロ3～4ポンドライン）／ベイトフィネス（フロロ8～12ポンドライン）

BFカバージグ＋3インチシュリンプ／D-JIG＋D1、ディトレーター

小さなラバージグの複雑な威力

「スモールラバージグ」を略してスモラバと呼ぶ。コンパクトなジグはバス釣りの本場アメリカにも存在するが、1g前後のごく軽いものまでローテーションに加えるのは、やはり日本独自のスタイルといっていいだろう。

本来はラバージグを単に小型化したものだった。しかし今では"スモラバ"というひとつのジャンルとして、日本のフィールドでは欠くことのできない存在になっている。

なぜそこまで使われるようになったのか？　答えはシンプル、スモラバが万能なルアーだから。

僕はルアーの性能を判断するとき「引っかかりやすさ／引っかかりにくさ」にまず注目する。それが釣りの効率や釣果そのものに直結するからだ。

特定のエサに似ているような、似ていないような、不思議だけど妙にバスを惹きつけてしまう……スモラバはそんなルアーだ

　この観点で見ると、スモラバはライトリグのなかでもっとも「引っかかりにくいルアー」のひとつだといえる。ジグヘッド単体はむしろ根掛かりの激しいリグだが、そこにラバーを巻くことでフォールスピードが抑えられ、障害物に接触したときにフワフワと乗り越えやすい構造を獲得した。
　そのためガードも細くてOK、ジグヘッドの利点であるフッキングのよさも損なわれない。トータルで使い勝手のいいルアーになっているわけだ。
「スモラバはエビをイメージしたルアーですか？」
　と聞かれたら、エビっぽく使うこともできるし、小魚を食べてるバスにも効くよ、というのが僕の答え。おそらくバスの目には「何なのかよくわからないけど気になるモノ」として映っているんじゃないだろうか。
　ラバー1本1本のプルプルとした動き、それにトレーラーのアクションが加わって生まれる「モゾモゾッ、モワモワッ」という複雑怪奇な波動。ハードルアーでいえばスピナーベイトのような、極めてルアーらしいルアーのひとつだと思う。

スモラバの「適所」

引っかかりにくいルアーゆえに、ほぼどんな場所へもアプローチすることができる。軽めのカバーを撃ったり、フォールでねらったり、ボトムを横方向に探るのもOK。アクションを加えても移動距離を押さえやすいのでサイトフィッシングでも重宝する。
ただし水深のある場所のボトムをトレースするだけならネコリグやダウンショットのほうが効率がいい。スモラバは水の抵抗を受けて浮かびあがりやすいからだ。

異なるウエイトの必要性

「スモラバはどこで使ったらいいですか?」

これはいちばん困る質問だ。どこでも使えるルアーなのだから。季節も問わない。ハイシーズンはもちろん、コンパクトでバスの口に入りやすいため真

バスが吸い込んだときにスポッと口に収まりやすいため、ライトリグのなかでもフッキングがいい

冬のライトリグとしても重宝する。ネコリグやジグヘッドワッキーよりも明らかにフッキング率が高いリグなのだ。

ただ、ひとつだけ注意してほしいのがウエイトの選択。水深別にいくつかの重さを揃えておくことが、意外と重要だったりする。「あなたが使うタックルで、あなたが釣りに行くフィールドで、ボトムが取れるウエイトは何gか?」これを考えてみてほしい。

たとえば僕は真冬の河口湖の水深7〜10mで1.8gのスモラバを使うことがある。でも、初心者がいきなりその釣りをやるのは不可能に近い。タックルがま

ウエイトと使う水深の目安

（スピニングタックル＋4ポンドラインの場合）

たとえば水深2mのスポットにキャストするのであれば1.3gが使いやすい。しかし岸際に落として水深2mまで探るようなときは、僕だったら0.9gを使う。スモラバを通すレンジの「浅い側」に合わせてウエイトを決めるわけだ。なるべく軽いウエイトのほうが根掛かりも減るし、口を使わせやすい。
ただし使うタックルや風の有無などでボトムの感じ方は変わってくる。無理に軽いウエイトを使うより、少し重めでも確実にボトムが取れたほうが釣れる魚は増えるのでこの図はあくまで目安に。

さらに深いレンジでは2.7gも使う

厳寒期の河口湖。ディープフラットで1.8gのスモラバをシェイクして食わせた

ったく同じでも、ラインの張り方やグリップの握り方ひとつでノー感じになってしまう。

　そんなときにワンランク、ツーランク重いウエイトを持っていれば対処しやすい。ディープにかぎらず、浅場を釣っていて風や流れが強くなったときにもウエイトアップ作戦が有効だ。ボトムの変化があまりにもキツく、スモラバですら根掛かりするような場合は逆に軽くしていけばいい。

　このようなアジャストを実践するため、最低でも2〜3種類のウエイトを用意したい。ハイシーズンに水深3m以内を釣るのであれば0.9g・1.3g・1.8gの3つがあればだいたいまかなえる。カラーバリエーションを増やすより、ウエイト違いを揃えるほうが先だ。

しっかりシェイクしてバスを呼べ!

スモラバの動かし方のキモは「確実に動かして強い波動を出す」ことだ。

フィネスの代表格のようなイメージがあるせいか、弱く繊細なロッドワークで使うものだと思っている人も多い。だが、そもそも小さなルアーを弱く動かしていたら、まったくバスに気づいてもらえない!

ライトリグ全般にいえることだが、ルアーは小さくても「動きでバスに気づかせ、寄せる」意識を持って操作しよう。バスの目の前に落としてシェイクで食わせる……というのは誤ったイメージだ。

「たかがスモラバごとき、どれだけ動かしてもアピール弱くない?」

と思うかもしれないが、マッディーウォーターでも、周囲5mくらいのバスには存在を気づかせることができるだろう。もちろんしっかり動かせていれば、の話だが。

では実際にどのようなアクションをさせればいいのか。言葉で説明するのは難しいが、ボトムから浮いてしまわない範囲で、できるかぎり強くシェイクする。「プルプルプル……」ではなく、ラバーが水を「プッ! プッ! プッ!」と押す感じ。なお、ルアーとの距離が遠ければ遠いほどロッドワークが伝わりづらいので、強めに動かす必要がある。

ちなみに1.3gのスモラバとネコリグを同じロッドワークで動かした場合、ワームの種類にもよるが、スモラバのほうが移動距離を抑えることができる。それだけ水の抵抗を受ける=水押しが強い、ということ。

したがって、狭い範囲内でしっかりアピールさせたいときはスモラバ。たとえばシャローのちょっとした変化やアシ際などを点々と撃っていくような釣りに向く。

障害物の少ないボトムやブレイクを這わせるような使い方も、もちろんアリだ。この場合もズル引きではなく、かならずシェイクしながら横に動かすこと。

ただしフォールスピードが遅いので、バスの居場所を探っているときは効率が悪い。レンジが深くなれば余計に時間がかかる。あまりにもスローすぎると感じたらネコリグやダウンショットに変えてもいいだろう。

ラバーは市販されている状態からカットすることも多い。できるだけランダムな長さが混じっているほうが複雑な波動が出る

エサに合わせるトレーラー選び

スモラバにはかならずトレーラーをセットする。2インチ前後の小型ソフトベイトが主流で、使うアイテムによってリグ自体の性質も少し変わってくる。

トレーラー選びの基本は、そのときバスが食っているエサに合わせること。エビなどを捕食していると思えばディトレーター、小魚を追っているときはD1（ディーワン）をセットする。

ラバーとトレーラーのワームはできるだけ同系色で揃えてやろう

　エビっぽいフォルムのディトレーターにはツメのようなアームが付いているが、シェイクしてもそれほど激しく動くわけではない。ねらいはそこではなく、フォール中やボトムで止めているときの自発的なアクションにある。

　塩入りで高比重なゲーリーヤマモトの素材を使っているので、動かさずに止めておいても生命感のあるアクションが出せる。また、D1よりひとまわり大きいので水押しが強く出せるのも特徴だ。

　一方で、ロッドワークに応じてテールがよく動くように設計したのがD1。シェイクすると「モワモワッ」としたラバーの動きに「ピリピリピリ……」という細かい波動が加わるイメージ。ディトレーターよりもコンパクトなので、同じウエイトのスモラバに付けるとややフォールが速くなる。

小魚っぽいシルエットのD1（上）と、エビっぽいディトレーター（下）。どちらも僕がデザインしたワームだ。前者はロッドワークに反応しやすいタイプ、後者は放っておいても勝手に動いてくれるタイプ

　実際のフィールドではバスのエサがすぐに判別できるわけではないだろう。好きなほうから始めればいい。ディトレーターのほうが自重があるので多少投げやすくはなる。

　トレーラーに関してもうひとつ大事なのは、ラバーとの色味を合わせること。一体感があるほうが断然反応がいい、と僕が信じているのは、クリアウォーターでバスの反応をさんざん観察してきたからかもしれない。

　ラバースカート自体のカラーも、複数のカラーが混じっているより単色系が好きだ。だいたいバスのエサになるような生き物はそんなに派手じゃないよね、というのがその理由。使用頻度が高いのはグリーンパンプキン系で、クリアな場所ではスモーク系の出番が増える。ただでさえ得体の知れない"スモラバ"という物体を、よりいっそう見破られにくくするため、トータルコーディネートを意識しよう。

　スモラバは小さくて強いルアー。クリアウォーターでも、雨のあとの激濁りの水でも釣れる。僕もハイシーズンはかならずワンタックル用意しておくアイテムだ。どうしていいかわからないときこそ、スモラバに頼ってみてほしい。

カバー撃ちに特化したスモラバ

　障害物に強いのがスモラバの強みだったが、さすがにブッシュやレイダウンを細いラインのスピニングで撃つのは無謀。ということで、ベイトフィネスタックルにやや太いラインで使う、カバーを探りやすい形状のスモラバが生まれた。

　用途はスナッグレス・ネコリグと似ていて、テキサスリグでは反応しない魚をラバーとトレーラーの動きでしっかり誘って食わせてしまおうというもの。

　テキサスだと「落とす→チョンチョン→ピックアップ」で終わるところが、スモラバなら「落とす→シェイクシェイク……（数秒）→引っかかりを外す→またシェイク……（数秒）→ピックアップ」になる感じだ。

　ウエイトは水深ではなく「ねらうカバーに入るかどうか」で決める。

　たとえば消波ブロックのすき間や、枝のまばらなブッシュを撃つのであれば1.8gで充分。これが「消波ブロック＋枝」とか「ちょっと濃いブッシュ」になると2.3g、アシ際などは2.7g。さらにややこしいスポットなら3.5gか4.5gといった感じ。

カバー用のスモラバには3インチシュリンプ（上）を合わせることも

　カバーに入りづらければ同じウエイトのままラインを細くするのもアリだ。

　その逆もあって、2.7g＋10ポンドラインで撃てるけれど魚がデカいので12ポンドまで太くしたい。→するとカバーの貫通力が落ちる。→そこでウエイトも3.5gにアップ、といったアジャストが考えられる。なお僕がよく使うBFカバージグには5g以上もラインナップされているが、カバーがそこまで濃くなるとテキサスリグで撃ってしまうことが多い。

　ちなみに「カバーに入る」という表現は「カバーを自動的にクリアしてルアーがボトムまで落ちていってくれる」という意味で使っている。撃ちこんで、フォールの途中で引っかかっても、1回ほぐせば底まで落ちる。そんな感覚で使えるウエイトがちょうどいい。

　したがって、水面の障害物は少なくても水中にブッシュがゴチャッと入っているようなところでは、カバーの見た目以上に重めのウエイトで撃っていく必要があるだろう。

ブッシュが多いシチュエーションでのオカッパリにもカバー用のスモラバは活躍する

ブルブル落ちるハイアピール優等生
ジグヘッドワッキー

おもな特徴	フォール中の波動がGOOD。止めてもシェイクでもピックアップ中も動く。
Season	春◎　夏◎　秋◎　冬△
Tackle	スピニング（フロロ3〜4ポンドライン）／ベイトフィネス（フロロ8〜10ポンドライン）

5インチスリムヤマセンコー

ノーシンカー＋αの使い勝手

　ふたつ前の項目でも書いたことだが、ジグヘッドワッキーとネコリグは似て非なるもの。ストレートワームの中央にジグヘッドを刺したこのリグは、水平な状態を保ちつつ、両端をプルプルと動かしながら落ちていく。つまりノーシンカーリグ（ワッキー掛け）に近いアイテムなのだ。

　浅いレンジでフォールで食わせるだけならノーシンカーで充分だろう。ウエイトがないぶん、そのほうが吸い込みやすいというメリットもある。

　しかしそれだけでは用途が限られてしまう。フォールさせたあと横方向にも探りたければ、ジグヘッドワッキーのほうが圧倒的に扱いやすい。ノーシンカーを"フィネス"の章に含めなかった理由はここにある。ほぼフォールでしか使わないからだ。

　ここまで紹介してきたルアーと同じく、ジグヘッドワッキーにオフシーズンは

ほとんどない。真冬だとフッキング率が下がる（ワームが細長くてフックまで吸い込みづらい）ので出番が減ることはある。

特にハマりやすいのは、バスが浮き気味だったり中層スイミングに反応するとき。ゆっくりとフォールする点はスモラバと特徴が似ている。ただしブッシュなどのカバーのすき間に落とし込むのは苦手分野。ライトリグで撃ちたければカバー用スモラバかスナッグレス・ネコリグが有利だ。

動きの質はネコリグに近く、ワッキー特有のエビっぽい波動が出る。そのため、ワカサギなど特定の小魚を捕食しているときは効きづらいことも。

ワームの一端にシンカーが入っているネコリグよりも自由度が高く、同サイズのワームならアピール力はジグヘッドワッキーのほうが強い。

フォールスピードや水押しの強さなどはスモラバとも共通点がある。カバー周りではスモラバのほうが使いやすいが、スイミングでのレンジキープ力はジグヘッドワッキーが上

特筆すべきはカレントが発生している場所でのアクション。スモラバを投入してもただフワーッと流されていくだけだが、ジグヘッドワッキーは流されながらヒコヒコ……と動いて勝手にアピールしてくれる。

ただしディープレンジを釣るのは苦手で、水深3m以内が主戦場。フォールスピードが遅いので、バスのポジションが見えていないかぎり3mより下を最初から撃っていくことはまれだ。

ジグヘッドワッキーの「適所」

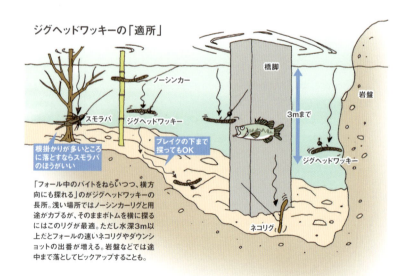

「フォール中のバイトをねらいつつ、横方向にも探れる」のがジグヘッドワッキーの長所。浅い場所ではノーシンカーリグと用途がカブるが、そのままボトムを横に探るにはこのリグが最適。ただし水深3m以上だとフォールの速いネコリグやダウンショットの出番が増える。岩盤などでは途中まで落としてピックアップすることも。

ジグヘッドワッキーやネコリグの波動はバスにとって「エビっぽい」らしい。実際、甲殻類の増える初夏以降に反応がよくなる

5インチスリムヤマセンコー

　ジグヘッドワッキーで僕がいちばんよく使うのは、ゲーリー素材の5インチスリムヤマセンコーだ。フォール中もロッドワークを加えたときのアクションも、このワームにかなうものはない。それほどいい動きをする。

　いい動きというのは、言い換えれば「ロッドワークに敏感でよく動くワーム」ということ。「常にアピールし続けてくれるワーム」と言ってもいい。

　もっと張りがあって太いワームを使えば、5インチスリムより強い波動が出せるかもしれない。ただしスローに扱ったときにアクションが死んでしまう。またこれより柔らかすぎるワームだと「ピュッ」とスピーディーに動かした瞬間に水圧に負けてしまい、バイブレーションが弱くなる。

　その点、5インチスリムヤマセンコーは非常にバランスの取れたワームだ。0.9g程度の軽いジグヘッドから重いものまで、どんなウエイトを使ってもフォール中にしっかりと動く。ボトムで止めていればわずかな水流にも反応するし、スローにシェイクしているときはもちろん、ピックアップ中の速巻きでさえ「ピリピリピリ!」

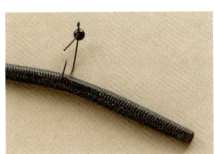

5インチスリムヤマセンコーのフックセット位置。ハチマキと呼ばれるリブのない部分の少し後方にジグヘッドを刺す

夏場の橋脚など、縦ストラクチャーはジグヘッドワッキーの得意な局面。上から下までずーっとバイトチャンスがあるので、ゆっくり落ちながら勝手に動き続けてくれるルアーは食わせやすい

と震えながら泳ぎ、アクションが殺されることはない。つまりはワームが水中にあるかぎり動き続けてくれる＝バイトのチャンスが増える、というわけだ。

　ジグヘッドのウエイトはレンジに応じて決めていく。いちばん軽いものが0.9gで、これに対応する水深は0〜1mくらいまで。1〜3mだと1.3gを使うことが多い。ただしこれは浅いほうのレンジに合わせた選択で（38ページのイラスト参照）、最初から水深3mに落とすなら1.8gをセットしたほうが効率がいい。

　それ以上深くなると2.3gなども使うが、ディープまでジグヘッドワッキーを落とすのはレアケース。なお、スピニングでもベイトフィネスでも水深ごとにだいたい同じウエイトを使っている。

　注意したいのがフックを刺すポイントだ。5インチスリムヤマセンコーは左右の太さが違うので、ど真ん中にジグヘッドをセットすると水平姿勢にならない。べつに水中で傾いていても釣れるのだが、フォール中にバイトしたときはフッキングが若干だが悪くなる。45ページの写真を参考にセットしてみよう。

霞ヶ浦・北浦エリアでの初夏のルアーセレクトの一例。ジグヘッドワッキーは浅くて濁ったフィールドで欠かせないアイテムのひとつだ

小技の効く超弩級フィネス
S字系ビッグベイト

おもな特徴	ボディーサイズは大きいが弱波動。 ハードルアーにしては狭い範囲で動かし続けやすい。
Season	春○　夏○　秋○　冬◎
Tackle	ベイトタックル（フロロ16〜20ポンドライン）

ジョインテッドクロー148&178／スライドスイマー250

ジョインテッドクローの登場

　全長15cmを超えるようなボディーサイズのルアーを一般的にビッグベイトと呼ぶ。リップのついているものやブルーギルを精巧に模したアイテムなど、形状はさまざまだが、このジャンルを一気にメジャーに押し上げたのがジョインテッドクローだ。

　2連結ジョイントボディーにソフトなテールが設置されているこのルアーは、リップが付いていないにもかかわらず、リトリーブすると左右にカーブを描きながら泳ぎはじめる。

　前例のないこのアクションは「S字系」と名づけられ、発売当初は日本全国で驚異的な釣果を叩きだした。特にクリアウォーターでは、投げて巻けばワラワラとバスが湧いてくる……なんて光景が見られたものだ。

　使うアングラーが増え、ファーストインパクトが薄れた現在では爆発力が収ま

ってきたが、ブームとともに消えることもなく、今ではひとつのジャンルとして定着している。

このルアーの最大の特徴は、ボディーサイズ（オリジナルサイズは178㎜）による集魚効果と、意外にも弱い水押しにある。

クランクやスピナーベイトのようにブリブリと水を撹拌するのではなく、水を切りながら「フラ〜ッ……フラ〜ッ……」とゆっくり泳ぐため、波動は見かけ以上に弱い。この相反するふたつの要素が、バスを惹きつけるトリガーとなっているのだと思う。

では、単に大きくて激しいルアーとは何が違うのだろうか？

こういうルアーの場合、遠くにいるバスにも存在を気づかせやすい反面「デカいものが元気に動いている→食うのたいへんそうだな」という印象を与えてしまうのだ。

一方、ジョインテッドクローは「デカいものがいる→フラフラしてる→食えそう！」と感じさせることが可能。だから遠くからバスが寄ってくるんじゃないだろうか（ちなみに、ほかのルアーでも「バスに"食えそう！"と思わせる」のはとっても大事なポイント）。

さらにはアングラーの操作に応じて止めたり、トウィッチしたりと自在にコントロールできる。こうした特徴をふまえ、ハードルアーのなかでも"フィネス"なアイテムだと僕は捉えている。

S字系ビッグベイトの「適所」

真冬の相模湖でジョイクロに食った1尾。クリアなワンドの浅いレンジに浮いていた。厳しい時期でもシャローでエサを食うデカバスに対して、S字系ビッグベイトは非常に有効だ

S字系の出しどころ

　ジョイクロを投げて巻けば釣れたのは昔の話。現在はきっちり"適材適所"を考えて使う必要がある。

　まず水の透明度だが、視覚的アピールの強さを活かすためクリア〜ステインウォーターで使うことが多い。濁っていると「バスが遠くから寄って来て食う」ケースが極端に減ってしまう。ただ、狭いスポットを探っていくようなスタイルならマッディーウォーターでも充分に出番はある。

　実際のところ、クリアウォーターでもピンスポットを撃っていく使い方のほうが効果的だ。浅くてフラットなエリアで大遠投して、広範囲をサーチするようなことはほとんどしない。

　そのやり方で食ってくれればいいのだが「ジョイクロを巻いてたらどこからともなくバスが現われ、ついてきた。でも食わずにUターンした」なんてことが非常に多い。S字系を投げても釣れないという人は、これで何度も悔しい思いをしているはずだ。

　チェイスがあっただけでOK、バスの居場所がわかるじゃないかという異論もあるだろう。問題は「どこからともなくバスが現われ」という点にある。ロングキャストでサーチしてしまうと、バスがそもそもどういうポジションにいたのか判別しづらいのだ。

ガレ場に絡む竹をビッグベイトで撃つ。ショートキャストできっちり送り込める距離感で使うのが基本だ

そんなわけで、ある程度水深のある場所、たとえばリザーバーの急斜面や岩盤といったスポットで使うことが多い。ロングキャストではなく、サイドキャストで正確に撃っていく感じだ。

特にバスがどのレンジにいるかわからないときは効果的。ライトリグをいちいち落とし込んで探っていくのは時間がかかるが、ジョイクロならそのパワーで魚を表層まで引っぱり上げてくれるからだ。岬状の張り出しでは反応がなかったが岩盤の凹みではチェイスが多い……というように、その日のバスのポジションを考えながら探っていく。

ラインを軽くたるませた状態でスローにただ巻き。バスがチェイスしてきたらそのまま巻き続けるか、一発トウイッチを入れる。どちらを選ぶかはアナタの腕しだい

フローティングモデルをチューンする

　ジョイクロにはフローティングとシンキングのモデルがあって、微妙にS字アクションの質が違う。僕が多用するのはフローティングモデルで、これに板オモリを貼って超スローシンキングにチューンしている。テール寄りの位置に貼ってやや頭上がりの姿勢にすると、より大きなS字カーブを描くようになり、短い距離でじっくり誘いやすい。

　泳がせるレンジは基本にルアーが見える範囲を保つ。水の色がクリアだったらやや深め、濁り気味なら水面直下でもOK。深くても水深1m以内を通すことがほとんどだ。視認性を高めるため背中にマーカーシールを貼ってもいい。

巻くスピードはかなり遅い。目安にしているのはS字の泳ぎの幅が最大になる速度だ。速すぎても遅すぎてもカーブが狭くなってしまう。

ロッドティップは水平〜やや下に向け、ラインが少したるんだ状態でリールを巻く。「フワン……」と右にターンしたジョイクロが惰性で動き続け、それが完全に止まる前にまた「フワン……」と動かす。この繰り返しだ。

リールを一定の速度で巻いているわけではないが、カクカクと緩急をつけすぎないように、なめらかにハンドルを巻くのがコツだ。

ジョインテッドクロー178はフローティングモデルを使うことが多い。フロントフックのうしろにウエイトを貼って超スローシンキングにチューン。元の状態よりやや頭上がりになって、S字の幅が大きくなる

冬はできるだけスローに動かすことを心がけよう。ハイシーズンなら少し速めでも反応させやすい。

さて、バスがチェイスしてきたが食わないときは？

巻き続けてボート際まで来ると逃げてしまうので、選択肢はふたつ。止めるか、トウィッチするかだ。「バンバンッ!」と激しくロッドワークを入れて左右に逃したり、止めたあとに「チョン……」と動かしたり。経験上、冬はあまり大きくダートさせないほうがいいと思う。

よほどヤル気のある魚でないかぎりバイトチャンスは一度だけなので、小技を効かせるタイミングがものをいう。特に法則性はなく、個々のバスによって反応させやすい距離感は違うものだ。自分の感覚でやってみるしかないが、バスがUターンしてしまう前に仕掛けたほうがいい。

なお、S字系ビッグベイトが苦手なのはカバー絡みのケース。際で誘うことはできるが、コンタクトさせる場合にはカワシマイキーのようにリップの付いたタイプ（106ページ）の出番だ。

水面下1m以内で使うことが多いので、背中にマーカーシールを貼って視認性を高めると操作しやすい

feature #01

Q&A

青木大介に学ぶ「フィネスサーチ」の思考回路。

水深1mライン　水深2mライン

Q

「朝イチに入ったエリア。青木大介ならどうする?」

答えは次のどれ?

❶ クランクベイトで流す
❷ ポッパーで水面チェック
❸ テキサスリグで撃ちまくる
❹ スピナーベイトで流す
❺ ライトリグで探っていく

「まず5尾」を釣るための方法論

　問いに答えるまえに、確認しておきたいことがひとつ。バス釣りの「目的」ってなんだろう？
「なるべくたくさん釣ること」
「デカバスが1尾釣れたらOK」
「年中トップで出したい」
　人によっていろいろあると思う。僕の場合は、トーナメントでほかの選手に勝つことが最終的な「目的」だ。
　細かく見ていくと「1日5尾のリミットを揃えること」が第1の目的で、次に来るのは「それを3日間続けること」。
　たしかにビッグフィッシュを釣ればウエイトはグンとアップする。目立つからカッコいい（笑）。けれど、仮に2kgフィッシュを釣っても500g×5尾揃えた選手には勝てないのだ。
　したがって優先順位は「デカバス<リミットメイク」。小さくてもいいからとにかく5尾キャッチすることが、トーナメントにおける僕の釣りの大前提になっている。
　さて、それを頭に入れながら前ページの選択肢を見ていこう。

❶クランクベイトで流す

　これは問題外。イラストを見るかぎり、このエリアにはかなりの数の障害物が点在している。クランクベイトでは攻めきれない場所が出てくるし、根掛かりが多発して釣る前に場を荒らしてしまう。

❷ポッパーで水面チェック

　水面でボイルが見られたら投げてもいいが、ポッパーだけで釣っていくのは最善の策ではない。もしもバスがボトムのエサばかり食っていたら？　ほかのトップウォータールアーも同じことが言える。

❸テキサスリグで撃ちまくる

　一見よさそうな選択肢だ。が、そもそもテキサスは「ほかのルアーでは攻略できないカバーを探る」ためのルアー。この場所にはアシや桟橋などライトリグでもねらえるスポットが多いので、このリグを使う必然性が薄い。テキサスリグはアシ奥のポケットとかレイダウンだけ撃てば充分。

❹スピナーベイトで流す

　アリかナシかでいえば、アリ。点在するカバーもチェックしつつ、もっともスピーディーに探っていけるのがコレだろう。

　ただしブレイクがやや岸に寄っているのが気になる。少し沖めからスピナーベイトを投げると、リトリーブ後半はブレイクの中層を巻くだけになってしまう。沖側だけスローに巻いてボトムを探ってもいいが、それならダウンショットやネコリグを入れたほうが食わせやすい。

❺ライトリグで撃っていく

　5つの選択肢から選ぶなら、これが正解だろう（ただし100％正しい答えではない）。

　朝イチなので、まずはバスの状態が知りたい。カバーに付いているのか、杭やブレイクにいるのか。ボトムのルアーに反応するのか、表層を意識しているのか。フォール中にバイトするのか、それともボトムでシェイクしないと食わないのか？

　図を見るかぎりバンク際の水深は浅く、根掛かりしそうなスポットも多いので、ガード付きのスモラバを選べばほとんどの場所を撃っていくことができるだろう。

　なにより重要なのは「選択肢のなかでいちばん食わせやすいルアー」が、ライトリグであるという点だ。

ライトリグのほうが釣れる理由

　ライトリグがよく釣れるのは、小さくて食いやすいボリュームで「簡単に食えそう」とバスに感じさせることができるから。波動が弱めなのでスレにくく、狭いスポットからでも連続してヒットさせやすい。

　ほかにも、ワーム素材やラバーが複雑な波動を生むので見切られにくいし、

動きがハードベイトよりおおむね遅めなのでバスがすぐ追いつける、バイトの時間が長くなる（時には飲み込むことも）、特定のエサを追っていてもライトリグなら騙しやすい、食わせの釣りでもリアクションでも使える……などなど、理由はたくさんある。

要するに「バスの目の前を通ったときにバイトする可能性が高いルアー」がライトリグなのだ。

もちろんクランクやスピナーベイトで爆釣する日もあるだろう。「今日はポッパーがハマるはず！」と状況を読んで積極的に使うのであれば、これもひとつの"適材適所"である。

けれど「朝イチでよくわからないから巻いてみる」みたいな消極的理由でルアーを選ぶなら、たとえ爆釣したとしてもマグレ当たりにすぎない。そして「マグレ当たりでもいいから釣りたい」のであれば、ますますライトリグが優位なのは言うまでもない。

とりあえず釣ってヒントを得よう

「朝イチでよくわからない」状態なら、まずバスを1尾釣ることから始めよう。それが僕の考え方だ。

たくさん釣れば釣るほど、その日のバスの状態がおぼろげに見えてくる。定番ルアーや有名ポイントを人に聞くより「自分で釣った1尾」から得られる情報のほうが圧倒的に多い。

釣りに出かける前に細部まで情報収集するタイプの人がいる。雑誌の記事や釣果情報、他人のブログを調べまくって「先週から〇〇エリアで××ルアーの△グラムの▲▲カラーで釣れてる」と、"パターンらしきもの"を用意してフィールドに乗り込む。

いざ実行してみるも、なぜか釣れない。その後は「パターンが変わった」と言って人の多いエリアに行ってみたり、好きなルアーだけ投げてみたり、よくわからないまま終了……。

本当にこれでいいのだろうか？

釣りは現場で組み立てていくものだ。釣れた1尾がどこにいたのか、周囲にエサはいたか、水温、流れの有無、水の色など、自然のなかにある無数のヒントを手がかりにして、また次の1尾を探していく。

そうやって苦労しながら「答え」らしきものにたどり着いたときの喜びは、"誰かのパターン"をコピーして釣ったデカバスより、きっと何倍も大きい。そのための第一歩が「フィネスでバスを探す」というスタイルなのだ。

この章では、自分の頭で考えてバス釣りを展開するためのポイントをQ&A方式で紹介していく。

Q「フィネスと言われても、どのリグを選べば？」
A「適材適所で判断」

[解説]

まず「引っかかるかどうか」で考える。カバーがあればスモラバやネコリグ。浅い場所ならゆっくり落ちるスモラバでいいが、少し深い場所まで落とすとき、もしくは「スモラバだと遅くてかったるいなぁ」と感じたらネコリグに変えてみる。

カバーがなくて浅ければジグヘッドワッキー。カバーがないけれどやや深い場所ならダウンショットリグから入る。

同じように見えるライトリグにもそれぞれ長所と短所があることを理解しよう。

Q「フィネスは釣りのテンポが遅すぎない？」
A「ダラダラ撃たなければOK」

[解説]

ライトリグは動かすスピードが遅い。探るペースが落ちるので、それがデメリットだといわれる。しかし、それはライトリグを巻きモノと同じ場所に投げ、同じ距離をトレースしているからでは？

巻きモノで釣るひとつのコツは、ワンキャストのなかで「釣れそうなスポット」を何箇所も通すことである。一方、ライトリグは「釣れそうなスポット」そのものにキャストして、シェイクして、ピックアップするだけでいい。

要するに巻きモノは「広く探れるが、実はワンキャストに時間が掛かる」。ライトリグは「点で探るのでワンキャストに掛ける時間は短い」。これを頭に入れておけばムダなキャストも減るし、ライトリグでも意外にテンポよく探っていける。

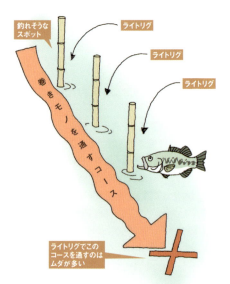

Q「やっぱり釣りが遅くなるんですけど?」
A「およそ7〜8m間隔で投げろ」

[解説]

　ライトリグの「遅さ」をストレスに感じる人は、キャストの間隔が細かすぎるんじゃないだろうか。

　たとえばオープンウォーターでバスのポジションが把握できていないとき、岸際に投げてブレイクまで引っぱってくる。つまり「線の釣り」になるわけで、ワンキャストあたりの時間が長くなるのは仕方がない。

　そのかわりキャストの間隔をできるだけ空けていこう。だいたい7〜8m置きに投げれば充分だと思う。これくらい離して投げても、バスはルアーに気づいてくれる。

　そのためには「しっかりアクションさせながら、常に横移動させる」のが大前提だ（詳しくは次の項目で）。

小さなライトリグでもしっかり動かせば半径3〜4mのバスを振り向かせるパワーがある。基本は斜め前方へのキャストで、バスのポジションが把握できればそこを重点的にチェック。「いかにヒットゾーンを見極め、長くトレースするか」これは巻きモノにも通じるコツだ。バスが目で見える場合はもっとざっくりチェックすることも

バイトの多いレンジは岸と平行にチェック

およそ7〜8m間隔

フィネスだからといって常に細かく探るわけではない。ざっくり撃っていく感覚を身につけよう

Q「ライトリグはスローなシェイクが基本？」
A「強いシェイク&常に横移動」

[解説]

どんなルアーでも、バスに気づいてもらえなければ勝負が始まらない。存在感の薄いライトリグはなおさらだ。前段の回答では「7〜8m間隔で投げる」と説明したけれど、弱々しいアクションしか出せなければもっと細かく刻む必要が出てくる。

だからこそ「しっかり動かしてバスを呼ぶ」ことが重要だ。

ポイントはふたつある。まずはロッドワーク。ライトリグを常にシェイクし続けて使うのが僕のやり方だ。「シェイク」というのはティップをプルプル震わせることではない。実際には「ラインをパンと張る／緩める」という動作を繰り返している。ルアーで水を「パッ、パッ、パッ」と押すような、メリハリのある動きのイメージだ。

ライトリグを「強く」動かすにはファステーパーのロッドが欠かせない

このとき、軽いリグだからといってベロンベロンの柔らかいロッドを使っていると、動かしているつもりが全然ダメだったりするので要注意。

ふたつめは「常に横移動させる」こと。1点シェイクでは狭い範囲のバスにしか気づいてもらえないからだ。横移動のスピードはリグによって変わるが、ボトムから浮き上がらないようにするのが基本である。

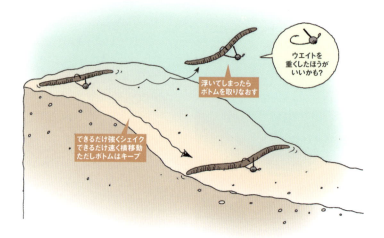

Q「活性が低いからフィネス。ですよね?」
A「いいえ」

[解説]

　バスの活性によってルアーを「強くする／弱くする」という考え方は、ほとんど意味がない（少なくともバスを探している段階では）。

　「活性が低い→軽くて吸い込みやすいリグを選ぶ」のであれば、水深10mにいる真冬のバスにもノーシンカーを投げるのがベストな選択だろうか？　ボトムに到達するまで1分近くかかるだろう……もしそれが感知できるならば。

　ルアーセレクトの基本ルールは、リグの強弱ではなく"適材適所"。目の前のポイントに投げやすいモノを選べばいい。

	カバー対応力	フォール中のバイト	ボトムの取りやすさ	シャロー向き	ディープ向き
スモラバ	◎	◎	○	◎	○
ジグヘッドワッキー	○	◎	○	◎	○
ネコリグ	◎	○	◎	○	◎
ダウンショット	△	○	◎	○	◎
ノーシンカー	○	◎	△	◎	△

Q「フィールドが広すぎて全部回れない」
A「エリアを絞ってみる」

[解説]

　「水深3mより浅いところだけ」という話を前に紹介した（14ページ）。最初からディープに手を出すとわけがわからなくなるので、まずはシャローだけ釣ろうというアドバイスだ。それでも広すぎてチェックしきれない場合は、あらかじめエリアを絞るのもアリだと思う。

　たとえば複数の川筋が合わさっているリザーバーなら、そのうちの1本だけを釣り込んでみる。あまり狭くてもヒントを得づらいので2～3時間でチェックできる規模のエリア。亀山湖なら小櫃川、相模湖なら秋山川、池原ダムなら備後筋だけというぐあいに。

　その筋を「フィールド全体のミニチュア版」と捉えて釣りをする。濁っているところがいいのか、シャローかディープか、カバーかフラットか。いちばん上にバスが溜まっていたら、ほかの筋でも最上流がいい可能性は高い。

　琵琶湖のように広大なら「東岸だけor西岸だけ」を釣ってみたり、ひとつのワンドに絞ってドシャローから沖までチェックするのもいいだろう。

　逆にNGなのは、迷ったからといって「テキサスでアシだけ撃つ!」などと標的とルアーを決め込んで釣っていくことだ。

Q「フィネスで湖を1周したのに釣れない(怒)！」
A「もう1周しよう」

[解説]

　朝、釣りをスタートして、お昼になってもノーフィッシュ。特にプレッシャーの高い関東のフィールドではありがちなことだ。釣れないなりに、後半戦に繋がるヒントがあれば心配することはない。

　いちばんダメなのは「1周したのに釣れないし何の手がかりもなかった」ケース。

　注意深く観察していれば、ぜったいにヒントはあったはずなのだ。見えバスはいなかったか？　小魚がピチャピチャしていた記憶は？　水のきれいな場所、汚い場所は？　流れはあったか？　水温が急変した場所は？

　いったん休憩してリフレッシュして、ちょっとだけ探り方を変えながらもう1周してみよう。ただし"適材適所"を忘れずに。

「ライトリグで釣れなかった、次は巻きモノでもう1周」

　これをやってしまうとドツボにハマる可能性が大。

Q「カバー撃ちで1尾ゲット。今日はカバーだな！」
A「本当にそうなのか？」

[解説]

　わかりやすいキーワードに飛びついてしまうのは、パターンフィッシング信者の悪いクセだ。

「カバーで釣れた」と思っても、実はその下に湧き水があって「水のいいところで釣れた」だけかもしれない。もしくはボトムがエグれていて、カバーではなく地形変化を探すほうが大事だったのかも。

　似たようなキーワードは山ほどある。「岬で釣れた」「ブレイクで食った」「ベンドのアウトサイドがGOOD」「風の吹きはじめにウィンディーサイドで連発」「ディープのフラットに溜まってる、水深は6m」……など。

　知識が増えれば増えるほど、人はどこかで聞いたようなパターンを目の前の状況に当てはめてしまい、使うルアーを狭め、エリアを絞り、どんどんバスから遠ざかっていく。

　これを防ぐには"適材適所のルアーセレクト"を徹底するほかない。

　1尾釣れたら、だいたい5つくらいヒントが得られる（水深、水温、エリア、水の色、ルアーの種類など）。その後も"適材適所"を続け、2尾めが釣れたら、新しくわかったことを「1尾めの5つのヒント」と照らし合わせる。何が同じで何が違うのか？

　そしてまた"適材適所"を繰り返し……それで1日が終わっても構わない。「パターンらしきもの」を語るアングラーより、よっぽど有益な経験ができるはずだ。

Q「スモラバで釣れた。エビパターンだな!」
A「頭を冷やせ」

[解説]

こんな経験をしたことがある。魚探にワカサギの群れがたくさん映って、バスもそれを食っているのに、ダウンショットやネコリグを投げても反応なし。ワームのサイズやシルエットを小魚っぽくしてもダメ。

ところが、ルアーをスモラバに替えたとたんにバイトが出はじめたのだ。

あくまで想像だが、このときのバスはワカサギをボトム側に追い込んで捕食していた。そして、スモラバが沈んでいく動きとスピードが「ボトムに逃げるワカサギ」の挙動にマッチしていたのではないか。

エサを知ることは大事だが、ルアーと食性を短絡的に結びつけるのは危険。

「スモラバで釣れた。なんでかわからないけど、ボトムで誘うと反応がいい」

こういうボンヤリした把握の仕方で充分だ。

Q「フィネスだとデカバスを選べないよね?」
A「……(苦笑)」

[解説]

ライトリグは小バスばっかり釣れるから好きじゃない、という意見を耳にすることがある。

「デカバスが1尾釣れればいい。だから"強い"ハードルアーだけ使うのだ」

これが本当に正しいなら、常に巻きモノを投げている人のほうがビッグフィッシュをたくさんキャッチできるはず。

しかし僕の経験を振り返ると、これまでに釣ったデカバスの大半はライトリグによるものだった。年中ビッグベイトしか投げないというアングラーとロクマルの数を競ったら、ぜったいに負けない自信がある(笑)。

もちろん、ライトリグがハードルアーより優れているという意味ではない。幅広い状況に"適材適所"で対応できるから、こういう結果になったにすぎない。

ただしライトリグは細いラインを使うので、一般的にはデカバスを掛けてもキャッチ率が低くなる傾向はあるのかも。

僕が真冬にビッグベイトを使うのは「デカバス用ルアー」だからではない。ビッグフィッシュのいる浅いレンジでフィネスに扱えるアイテムだから

適材適所のルアーセレクト

スタンダード
アイテム編

"フィネス"だけで
その日の正解にたどり着くことは稀だ。
一般教養をベースにして専門科目を学ぶように、
特定の状況にマッチしたルアーも欠かせない。
フィネスサーチで得たヒントから
さらにルアーセレクトを展開していこう。

落ちパク勝負、カバー奥のリアクションベイト
テキサスリグ

おもな特徴	カバーを効率よく探れる。障害物のなかで掛けたバスをキャッチしやすい。
Season	春◯　夏◯　秋◯　冬◯
Tackle	ベイトタックル（フロロ14〜20ポンドライン）

モコリークロー／ウルトラバイブスピードクロー／クリーチャー

テキサスは「リアクション」の釣り

　バスは"モノ"に寄り添うのが好きな魚だ。岩、ウイード、杭、橋脚、地形変化……なんでもいいのだけれど、エサを追っているとき（フィーディング）を除けば、そのときどきで居心地のいい"モノ"についていることが多い。

　そのなかでも"カバー"と呼ばれる障害物にバスが依存しているとき、テキサスリグが必要になる。

　たとえば枝ぶりのいいブッシュ、複雑なレイダウン、風下に溜まった浮きゴミなど。ほかのルアーでは内部に落とせない場所、無理をすれば入るけれど引っかかりやすかったり、落とすのに時間がかかりすぎる場所こそ、テキサスリグの独壇場だ。

　カバーに入っているバスは、食わせやすい。エサを追ってオープンウォーターを泳いでいたときは見向きもしなかったのに、近くのブッシュに入ったとたん、猛

テキサスリグの「適所」

テキサスリグはたいていのフィールドでワンタックル用意しておくことが多い。いろんなルアーを使いながら、カバーがあればテキサスリグで撃つ、というのがオーソドックスな展開だ。

然とルアーに襲いかかることも珍しくない（カバーの奥にいると安心するのか、内部がシェードで暗いから騙しやすくなるのか？ 理由は定かではない）。

　だから本当はルアーは何でもよかったりするのだが「カバーに確実に入る形状」「カバーのなかでもフッキングできるもの」「太いラインで確実にキャッチできること」などを考え合わせると、テキサスが合理的な選択肢になってくるのである。

　そんなわけで、テキサスリグは基本的に「落とせば食う」というイメージで使っている。フォールさせて「チョンチョンチョン」と3回くらい誘ってピックアップするだけ。長時間シェイクして……などといった小技はほとんど使わない。

　そもそもテキサスリグは「誘い」が得意なリグではない。じっくり動かしてバイトさせる食わせのアイテムではなく、どちらかといえば「ストン！」と落として「パクッ！」とリアクションで反応させるルアー。大げさにいうとメタルジグをカバーに落としているような感覚に近い。

　カバー奥でシェイクしないと食わない状況なら、スナッグレス・ネコやスモラバなど「誘い」が効くルアーに切り替えるべきだろう。ただし、一投一投に時間がかかるので展開がスローになってしまうのがデメリット。

　撃つ場所がたくさんあるなら、テキサスリグでリズムよく撃っていきながら「ここは絶対にいる！」と思える要所だけフィネスでねらう。そんなルアーセレクトをすることが多い。

冠水ブッシュを撃つ。周囲のアシだけならほかのリグでも攻められるが、混みいったスポットではテキサスリグが欠かせない

ワームは基本の3種類+α

テキサスリグで使用するワームは、ウルトラバイブスピードクローをベースにして3種類を使い分けている。ワームの強さを落として食わせ寄りにしたいときはモコリークロー。逆にワームの存在感を高めたいケースではクリーチャーをセットする。

ウルトラバイブスピードクローは障害物をすり抜けやすい形状で、張りのあるマテリアルはカバーに絡めてもフックがズレにくい。ロッドワークで誘うのには向いていないが、フォール中にアームがバタバタと水をかいてよく動く。「落とせば食う」というテキサスリグのコンセプトにマッチしたアイテムだ。

逆にモコリークローは水の抵抗を受けにくいため、同ウエイトならウルトラバイブスピードクローより貫通力が高い。水押しは弱いが、それを利用してスピード感のあるフォールでリアクションさせやすくする、といったねらい方もできる。春先の低水温期のリザーバーなどでよくやる方法だ。

テキサス用のバレットシンカーはいろいろあるが、サイズ展開が細かいスゴイシンカーを愛用(4～12gまでの6種類)。タングステンの純度が高くて小粒なのもいい

フックはすべてDASオフセット。いったんフックを貫通させてからフックポイントだけを埋め込むようにする

また、ロッドワークによる誘いにもある程度応えてくれる。

クリーチャーを使うのはやや特殊な状況であることが多い。典型的なのは雨や田植えなどの影響で極端に濁りが入ったとき。この3つのなかではワームのボリュームも、動かしたときの水押しもピカイチだ。

シンカーのウエイトは6gを基準にしている。これで落ちにくければ重くしてもいいが、まずはワームを変えてみることが多い(クリーチャーよりウルトラバイブ、さらにモコリークローのほうがすり抜けがいい)。引っかかりやすければ軽くするが、植物系のマットカバー以外は6gでだいたいこなせると思う。

後述するパンチングではファットベビークロー、4インチヤマセンコーなどを使うこともある。

シンカーの上にはゴム製のストッパーをセット。よりすり抜けやすくなり、シンカーとワームとの一体感も出る

ピッチングによるアプローチの一連

　テキサスリグでカバーを撃つときは9割方ピッチングでアプローチする。ねらった場所に正確に入れることが大事で、キャストが下手だったらなおさら近づいたほうがいい。

　ピッチングでルアーを送り出したあとは、ロッドがやや上方を向くようにフィニッシュする（次ページイラスト参照）。そしてリグの着水と同時にロッドを倒し、ラインを張らないように注意してカバーに落とし込もう。テンションをかけてしまうとワームが手前に近づいてねらうスポットから外れたり、フォールを妨げてカバーの奥に入りづらくなってしまう。

　リグがボトムまで落ちたら軽くラインを張り、ハイシーズンなら「チョンチョンチョン」と3回くらいロッドワークを入れる。バイトがなければピックアップ。水温の低い時期はもう少し時間をかけてもいい。

　浮きゴミが水面を覆っているスポットでは、バスはその直下に浮いている可能性が高いので、ボトムまで落とさずカバーの真下で止めてもいい。

フロロカーボンの20ポンドならたいていのカバーから引きずり出せるが、投げやすさ・落としやすさなどは16ポンドのほうが上。使うシチュエーションによって判断する

　枝が水中にビッシリ入っているレイダウンなどは、落として中層で引っかかったところでシェイク、そこからボトムに落としてまた誘う、というのもアリ。

　要するに、バスがいるであろうレンジを想像しながら操作する。あまり丁寧に探りすぎても効率が悪いので、バランスを考えながらチェックしていく。

　規模の大きなカバーについても同じことがいえる。バスの近くに落とすためには何投もアプローチする必要があるが、ずっとそんなことをやっているのはムダが多い。「いちばん濃いところだけ撃つ」「最奥だけ撃つ」「さっきカバーの外端で釣れたから、しばらくエッジだけ撃ってみる」など、自分なりにルールを決めて探っていくのもいい。

カバーだらけのフィールドでオカッパリするなら、テキサス用のロッドだけで撃っていくのも楽しい

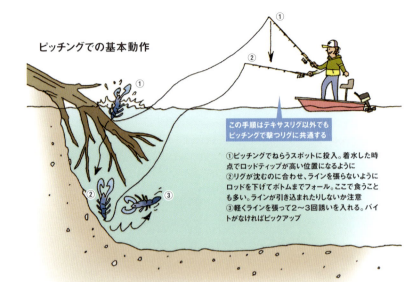

①ピッチングでねらうスポットに投入。着水した時点でロッドティップが高い位置になるように
②リグが沈むのに合わせ、ラインを張らないようにロッドを下げてボトムまでフォール。ここで食うことも多い。ラインが引き込まれたりしないか注意
③軽くラインを張って2〜3回誘いを入れる。バイトがなければピックアップ

この手順はテキサスリグ以外でもピッチングで撃つリグに共通する

パンチング

　ヒシモやウイードが水面を覆っている箇所、いわゆる植物系のマットカバーでは「パンチング」で探っていくこともある。極端に重いシンカーで貫通力を重視したテキサスリグの釣りだ。バスがシェードを好む夏場に出番が多い。

　20ポンド程度の太いフロロカーボンでやることもあるが、ランディングを最優先するならPEラインを巻いた専用のタックルを組む。ワームは先に挙げたウルトラバイブスピードクローやモコリークローのほか、よりすり抜けのいいファットベビークローも加わる。クリーチャーのようにパーツが多いワームはパンチングには不向きだ。

パンチングには形状のシンプルなワームが向いている。これはファットベビークロー。おもにストレートフックを使う

　シンカーはカバーを貫通できる重さが必要で、3/4〜1オンス前後を用意する。フックは太軸のストレート。近距離から確実にフッキングを決めればオフセットフックより深く刺さりやすいので、カバーのなかで魚が暴れてもバレにくい。

　「落として誘ってピックアップ」というアプローチの流れは通常のテキサスと同じ。ヒシモやミズヒマワリなど水面を覆うカバーなら、浮きゴミと同様に表層直下で誘うのが効果的だ。マットカバーを貫通しづらければウエイトアップするか、ピッチングで少し高い位置から勢いをつけて落としてやるといい。

パンチショットリグ／ジカリグ系

フックに棒状のシンカーを直付けしたものをパンチショットリグ、ジカリグなどと呼ぶ。カバーを撃ちやすいのでテキサスリグ同様の感覚で扱える。ただしテキサスよりも全体のシルエットに統一感がないため、バスに違和感を与えるケースもあるのでは？　というのが個人的な印象だ。

もちろんメリットもあって、フォール中にテキサスリグよりスライドしづらいため、短い距離で繰り返し落とし込むようなシチュエーションに向いている。オダを乗り越えながら何度もフォールさせたり、ウイードフラットですき間に落としながら探ってくるときはパンチショットリグが扱いやすい。点で撃っていくときはテキサスリグ、横方向の探りも加わるときはパンチショットといった使い分けだ。

ジカリグ系はオダなどの攻略に適している。使うワームはテキサスリグと同じ

バックスライド系

ファットイカ+DASオフセット#5/0

ノーシンカーの範疇に含まれるルアーだが、用途がカバー撃ちに限られるため、本書ではテキサスリグと並べて紹介しよう。

バックスライド系の出しどころは「テキサスリグでなくても入る薄めのカバー」、そして「バスが表層にいる可能性があるとき」だ。バスが浮きやすいサマーシーズンに使うことが多い。

テキサスリグとの違いのひとつは着水音のナチュラルさ。「ボチャン!」と落とすより「ポチャッ」のほうが魚を驚かさないし、水面近くにいるときはなおさら口を使わせやすい。

ならば軽いシンカーを使ったライトテキサスでもよさそうだが、実はテール部分に重心が集中しているバックスライド系ワームのほうがすり抜けやすいのだ。フォールスピードが同程度なら、ライトテキサスよりバックスライド系のほうが貫通力が高い。

テキサスリグよりも撃てる対象が広がる、というのもメリットのひとつである。カバーを撃ちながら、そのまわりにある杭をチェックしたり、護岸の壁に当てながら落としていくといった小技も可能。薄めのカバー〜オープンウォーターが射程範囲になるので、夏場のオカッパリでも重宝するアイテムだ。

巻くかトゥイッチか？　水の色で選ぶスモールハードベイト
シャッド

おもな特徴	ミノーとクランクの中間的存在。クリアでもマッディーでもOK。目立たせにくいのが玉にキズ。
Season	春◎　夏○　秋○　冬○
Tackle	スピニング（フロロ4ポンドライン）、ベイトフィネス（7～8ポンドライン）

ソウルシャッド62DDR & 58SP／スーパースレッジ

クリアなら春、濁っていれば一年中効く

　シャッドは中途半端なキャラクターを持ったアイテムである。アクションはミノーに似てタイトな泳ぎだが、潜行深度や使い方はクランクベイトと重複する部分もある。トゥイッチしたときにバスを寄せる力はミノーほど強くはないし、クランクのように強烈な波動も出せない。

　しかし、それが逆にシャッドの出しどころを広げているともいえるだろう。

　一般的なクランクベイトは巻けば潜り、止めれば浮いてくるが、シャッドなら巻くだけではなく「止める」というワザを効かせることもできる（本書でシャッドという場合はサスペンドタイプを指す）。活性の低いシチュエーションでクランクより多用されるのは、シャッドのほうがよりスローにアプローチできるためだ。

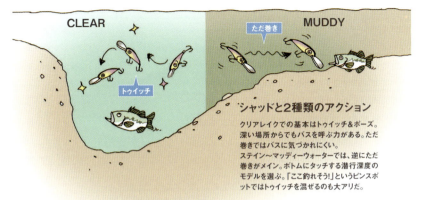

シャッドと2種類のアクション

クリアレイクでの基本はトゥイッチ&ポーズ。深い場所からでもバスを呼ぶ力がある。ただ巻きではバスに気づかれにくい。
ステイン〜マッディーウォーターでは、逆にただ巻きがメイン。ボトムにタッチする潜行深度のモデルを選ぶ。「ここ釣れそう」というピンスポットではトゥイッチを混ぜるのも大アリだ。

あるいはミノーの場合、ボトムにコンタクトさせるとフックがゴミを拾ったりしてアクションが損なわれることが多いのだが、シャッドはミノーよりリップが長いので「コツコツ」とボトムをかわしながら泳がせやすい。

水の透明度や障害物の有無にかかわらず、対応できる状況の幅が広いという点では"フィネス"寄りのルアーだといえる。

ただしクリアレイクの場合、実際にシャッドを投げるのは晩冬〜春〜初夏までの期間がほとんど。「シャッドは春に効く」という意味ではなくて、春以降はルアーを見切られやすくなるからだ。

ほかのルアーに関してもいえることだが、バスは冬のあいだ活動が鈍くなり、さらに釣り人も少なくなるためルアーを見る機会が減る。そこで記憶がいったんリセットされる……かどうかは不明だが、しばらくルアーに触れていないせいか、春はスレていない状態に戻るようなのだ。

しかし時期が進むにつれ、特にハードルアーは透明度の高い場所で見切られやすくなっていく。I字系ルアー、ミノー、バイブレーションなどに「春のルアー」というイメージがあるのには、こういう背景があると僕は考えている（ちなみにトップウォータールアーは水面にあって形状が判別しづらいからクリアでも見切られにくい。不定形なフォルムのスピナーベイト、すばやく上下動するメタル系も同様）。

なお、ここで言う"スレる"とは「バスが視覚的に見破る」というほどの意味。バスがルアーを視認しづらいステイン〜マッディーウォーターでは、シャッドは一年を通じて使えるアイテムだ。

霞ヶ浦水系で冬の定番といえばシャッド。低水温期に効く横の動きが出せるうえ、止めたり、ボトムに当ててリアクションさせたりと、冬バスの反応しやすい要素が詰まっているのがこのルアーだ

「トゥイッチ&ポーズ」のスレッジ・シリーズ

シャッドの使い方はふたつに分類することができる。「トゥイッチ&ポーズ」と「ただ巻き」だ。それぞれの長所と短所を見ていこう。

スーパースレッジ
ウルトラスレッジ

トゥイッチ&ポーズはおもにクリアレイクで行なうメソッド。ロッドを軽くシャクってシャッドを左右にダートさせ、瞬間的な動きの激しさと「キラキラッ」というフラッシング（光の反射）でバスに気づかせる。

ミノーのジャーキングと同じように、ルアーから離れたレンジにいるバスを引き寄せ、ポーズ中にバイトに持ち込むことができるメソッドだ。

ルアーがボトムに当たるような浅い場所だけでなく、急深のブレイクや岩盤沿いなど使えるシチュエーションは幅広い。ピンスポットを撃つよりも広く探っていくタイプのルアーなので、バスの居場所を絞り込めていない段階でサーチするのにもいい。ただし前述のとおり春以降は出番が減る。

キャストしたら数回リールを巻いてある程度潜らせ、あとは2回トゥイッチして約1秒ポーズ、というリズムが僕の基本。極端に深い場所ならポーズの時間を少し伸ばしてみるのもいい。

よく使うのはスーパースレッジとウルトラスレッジ。数あるシャッドのなかでも、ロッドワークで左右に飛ばしやすいタイプだ（逆に、スレッジをただ巻きで使うことはほぼない）。

水深1.5m前後までをチェックするならスーパースレッジ、それより深い場所ではウルトラスレッジを使う。離れた場所からバスを呼べるとはいえ、シャッドのトゥイッチはミノーに比べるとパワーが弱いので、ねらう場所に応じてある程度レンジを調節している。

「ただ巻き」で使うソウルシャッド

ただ巻きはストレートリトリーブともいい、文字どおり投げて巻くだけの単純なメソッド。プルプルと泳ぐシャッドの波動でバスに気づかせ、食わせる方法だ。例外もあるが、基本的には透明度の高すぎないシチュエーションで行なうことが多い。

トゥイッチ&ポーズは視覚的なアピールが強い操作方法であり、濁った水のなかでやっても効果が薄いからだ（例外については後述）。

上から
ソウルシャッド58SR SP
58SP
62DR
62DDR

ただ巻きする場合も、シャッドの波動には広範囲からバスを引き寄せるほどのパワーはないので、ある程度バスの居場所を把握したうえで投入するケースが多い。「このストレッチにいるはず」「ワームで釣れたけど、まだ何尾か残っていそうだからシャッドで流しなおす」といった感じ。状況のわからない段階でダダ流しするサーチベイトとしてはあまり機能しない。

リップラップなどボトムの変化があるところでも使いやすいので、根掛かりが特に激しい場所を除けば使えるシチュエーションは多い。

注意すべき点はレンジの調節だ。「ある程度バスの近くに送り込む」ことが前提のルアーなので、水深別に2～3種類は持っておいたほうがいいだろう。この点から、潜行深度のラインナップが充実しているソウルシャッドを使うことが多い。

リトリーブの途中で1～2回ほどボトムタッチするモデルを選ぶのが基本で、水深1.5m前後のレンジに合わせるのはソウルシャッド58SP（スピニングタックルの場合）。同じレンジでも障害物が多く、ラインを太くしたいときはベイトフィネスタックルで62DRを使う。使用頻度が高いのはこの2モデルだ。

1m前後の浅い場所ではソウルシャッド58SRを選択。62DRは水深2mレンジ、そして3m近くになると62DDRをロングキャストして潜らせたりもする。

かならずしもボトムにタッチさせる必要はないが、ソウルシャッド62DDRの場合はあえて浅い場所に投入し、リップの長さによる回避性能を活かしてボトムをガツガツ小突いてみることも。

リトリーブスピードは中速～やや速めが基本。1秒間にルアーが80cm～1mくらい泳ぐスピードが目安だ。ハイシーズンはやや速め、低水温期や冬はややゆっくり巻く。ただし真冬でも超スローで巻くことは少ない。

潜行深度はミノーと大差ないのだが、ボトムにコンタクトさせてもしっかり泳ぐのがシャッドの特徴。トゥイッチやジャークでの動きのキレはミノーが勝る。障害物がなければミノー、モノに当てるならシャッドという使い分けもアリ

僕が選ぶカラーはナチュラルなものが多い。水の透明度に応じて、クリア気味ならゴースト系（下）、濁っていれば膨張色の白が含まれるカラー（上）を使う。完全にサスペンドさせるのではなく、スローフローティングになるようフックやスプリットリングで調節することも

シャッドの使い方・応用編

　ここまでは「トゥイッチ」と「ただ巻き」を別個のテクニックとして紹介したが、現場ではこのふたつを混ぜて使うこともある。

　たとえばクリアウォーターをトゥイッチ&ポーズで探っている場合。バスのチェイスがあった、でも食わない。バスの鼻先でトゥイッチの回数を増やしたり、ポーズの時間を伸ばす手もあるが、不意に「プリプリプリッ!」と速巻きした瞬間に口を使ってくれることがある。

　マッディーウォーターでも「ココなら絶対バスいるよな……普通に巻いても食わないな……もしかして近くで見てるんじゃないか?」と思い、いったんポーズを入れてトゥイッチ一発。するとドスン!　なんてこともあった（霞ヶ浦水系のオカッパリでの実体験）。

　クリアな場所でのトゥイッチは「遠くからバスを呼ぶ」ためのアクションだが、濁った水のなかでは「食わせのキッカケ」として機能するわけだ。

　なお、クリアレイク向きのテクニックとして「シャッドの高速巻き」が一時話題になったが、あれはそもそもトーナメントでの見えバス対策に考案されたもの。バスの近くを通すのでないかぎり、クリアウォーターではどれだけ速く巻いても見切られやすい。スレ掛かりも増えるので、個人的にはあまりオススメしない。

　ただしサイトフィッシングではなく、水深2m前後のフラットにバスが点在している状況で速巻きが有効なことも。ワームでは食わなかった魚に対し、シャッドを激しくボトムに当てながら気づかせ、スピードでリアクションさせる。亀山湖や高滝湖、河口湖などで出番の多いメソッドだ。

　「巻く」「トゥイッチ」「ポーズ」をどのように組み合わせていくか。それがシャッド使いの真骨頂だといえるだろう。

クリアなら「トゥイッチ&ポーズ」、濁ったら「ただ巻き」がシャッドの基本。その両方を混ぜてアレンジできればさらに威力が増す

フォールで撃つ！ 夏の必須アイテム
ノーシンカーリグ

おもな特徴	フォールで使う。軽くて吸い込みがいい。アクションのよしあしはワームしだい。
Season	春○　夏◎　秋◎　冬△
Tackle	スピニング（フロロ3〜4ポンドライン）、ベイトフィネス（フロロ7〜8ポンドライン）

4インチヤマセンコー／ホローベリー・スプリットテール／4インチグラブ／
4インチカットテールワーム／5インチスリムヤマセンコー

夏のド定番、ノーシンカー

　ワームにフックだけをセットして、シンカーを使わないリグを「ノーシンカー」と呼ぶ。

　使うワームの種類と用途によって「フォールで使うもの」「横方向に動かすもの」「水面で浮かせるもの」の3つに分かれる。それぞれの特徴を順番に見ていこう（バックスライド系やI字系、虫系ルアーは別ページで紹介している）。

　まずひとつめはストレート形状のワームを使うもの。フックはマスバリないしオフセットフックで、これをワームの中央付近にワッキー掛けする場合は「ノーシンカーワッキー」とも呼ばれる。

　このリグの出しどころは「バスがモノに寄り添って中層に浮いているとき」。根掛かりが激しくなければ"モノ"の種類は問わない。たとえば杭や立木、護岸や

ドックの壁、水門の角、桟橋の支柱や係留ロープなどだ。

フッキングのよさやすり抜け性能だけを考えればオフセットフックでもよさそうだが、あえてワッキー掛けにするのは水の抵抗を受けやすくするため。このほうがワームを着水点からまっすぐ下にフォールさせやすい。ねらった"モノ"にぴったり沿うようにワームを送り込めるのだ。

フォールスピードが遅いので、ねらうのは水面下2mくらいまで。「水深2m」ではない点に注意してほしい。

たとえば沖の水深10mに浮かんでいるブイをねらう場合、2mまで落として食わなければピックアップ、という感じで探っていく。さらに深いレンジに落とすこともできるが、実際にやってみるとかったるくて続かないはず（笑）。深いところはジグヘッドワッキーやネコリグに変えていくのが合理的だ。

ボトムに落としてズル引き、または中層でヘコヘコ動かしながらスイミングという使い方もノーシンカーの範疇ではない。ズル引きは効率が悪いうえにバスを誘うパワーも弱いし、中層でスイミングさせるとすぐに浮き上がってしまうからだ。

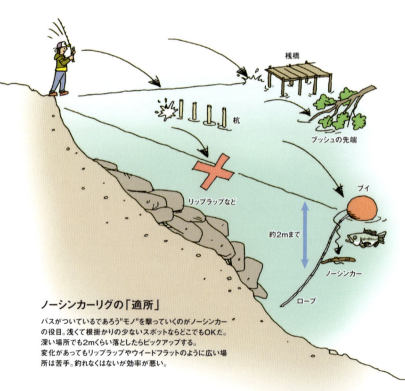

ノーシンカーリグの「適所」

バスがついているであろう"モノ"を撃っていくのがノーシンカーの役目。浅くて根掛かりの少ないスポットならどこでもOKだ。深い場所でも2mくらい落としたらピックアップする。変化があってもリップラップやウイードフラットのように広い場所は苦手。釣れなくはないが効率が悪い。

3種類のワームの使い分け

フォール主体で使うため、ほかのリグに比べて使いやすいワームが限られるのもこのリグの特徴だ。

僕が多用するのは4インチヤマセンコー、5インチスリムヤマセンコー、4インチカットテールワームなど。いずれもゲーリーヤマモトのワームなのは、高比重マテリアルがこの釣りにマッチするからだ。キャストしやすく、適度なフォールスピードがあり、そしてなによりもフォール中の自発的なアクションがすばらしい。

それぞれの使い分けは水の色を基準にすることが多い。濁り気味でパワーが欲しいときは4インチヤマセンコー。フォール中のアピール力は3種類のなかで

シェード＋縦スト。ノーシンカーを投げるべき典型的なシチュエーションだ。特に暑い時期は要チェック

ブイやオイルフェンスはシェード側をチェック。ロープがあればそこに付いている可能性も。かならずしもボトムまで落とす必要はない

MAXだ。自重もあるためベイトフィネスタックルが扱いやすい。マスバリをセットしてもいいが、オフセットフックのほうがフックアップ率は高い。

クリアウォーターでのメインはヒラヒラと軽快に落ちていく4インチカットテールワーム。これはスピニングタックルで使用する。そして2種類の中間的な存在が5インチスリムヤマセンコーだ。ジグヘッドワッキーでもメインにしているアイテムで、フォール時に安定した波動を出しやすい。

フォールスピードの違いで食わないこともあるから、反応が悪ければ水の透明度と関係なくローテーションしてみよう。

なお、アプローチの際はバスが見える距離まで近づかないことが基本。マッディウォーターならピッチングで撃つのもアリだが、ねらうモノが決まっているのだから、離れてキャストするほうが食わせやすいのだ。

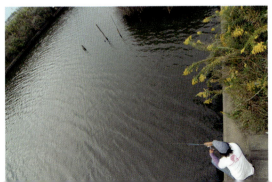

水通しのいい場所にある杭。ジグヘッドワッキーでもいいし、トップウォーターで攻めるのもアリだが、確実に食わせるならノーシンカーが効く。遠くからアプローチすべし

4インチグラブ
ジャンボグラブ

グラビンバズ

　グラブのノーシンカーリグを水面で泳がせるのが「グラビンバズ」と呼ばれるテクニック。バズベイトをよりナチュラルにしたようなメソッドで、引っかかりにくいためオープンウォーターよりもカバー絡みのスポットを通すのが得意だ。

　たとえば密度が濃すぎない浮きゴミや、水面まで繁茂したウイードの上など。フロッグを投げるシチュエーションとも似ているが、グラビンバズのほうがスピーディーに探れる。フッキングのよさもメリットのひとつだ。

　ロッドを立て、ワームが沈まないスピードでゆっくりただ巻きするのが基本。バズベイトとは違って途中で止めるのもアリなので、ミスバイトしたらフォールで食わせるといった小技も可能。

　スピニングで使う場合は4インチグラブを3〜4ポンドラインで使用。カバーが濃かったり、強めの波動でアピールしたいときは10ポンドライン＋ベイトタックルでジャンボグラブを使う。

早春の「ぴくぴくメソッド」

　ワカサギが放流されている湖では、バスがそればかり捕食しているタイミングがある。こんなときはワカサギに似たシルエットやアクションのルアーでなければ反応しないこともしばしば。いわゆる「ワカサギパターン」だ。

　そのうちのひとつが、ノーシンカーリグを使った「ぴくぴく」と呼ばれるメソッドである。

　冬のあいだディープにいたワカサギは、水温が10℃前後になると産卵のため浅い場所に上がってきて、インレットやシャローの砂地で卵を産む。1年魚なのでそのあとは大半が死んでしまうのだが、そのタイミングで弱ったワカサギが表層を漂い、バスを狂わせる。

　このメソッドが効くタイミングは湖によって少しずつ異なる。かならずしもボイル

が起こっていなくてもいい。水面に浮かんで流されているワカサギがいれば、バスは上方向を強く意識しているので、意外なところから飛び出してくることも多い。

　使うのは、その時期のワカサギのサイズ（5〜7㎝程度）に合わせたホローベリー。これをマスバリにチョン掛けして使う。完全に浮かせたほうがいいので、ヘッドにネイルフロートをセットする。

　フィールドコンディションは無風よりも少し風があるときがベター。ワカサギが一定方向に吹き寄せられるため、ねらうエリアが絞りやすいからだ。

　まずはウィンディーサイド（風下）に入り、地形の変化や障害物の際にキャストしていく。岸際に弱ったワカサギが溜まっていたとしても、そこをダイレクトに撃つ必要はない。

　むしろ、ねらうべきは周囲にあるブレイクの真上や杭など。バスはそういった場所を回遊しながら、流れてくるワカサギを待ち伏せしていることが多いからだ。

　キャストしたら、水面で「ピクピクピク……」と波紋を立てながらシェイクして、5秒くらいで反応がなければピックアップ。バスがいればすぐに食うか、少なくとも近づいて見に来るはず。横移動させながら誘ったりロングシェイクする必要はない。

　もしねらうエリアを絞れなければ、最初は横方向に探れるI字系（101ページ）でアプローチするという手もある。バスのチェイスがあった場所で「ぴくぴく」に切り替えるという展開だ。

　なお、濁りの強いエリアではこの釣りがハマりづらい。バスが水面のワームに気づきにくいためで、どちらかといえばクリアウォーター向きのメソッドだ。同じ理由から、波風が強すぎるときも水面までバスを呼びづらい。そんなときはミノーやシャッドにシフトしていく。

ワカサギに似たシルエットと、浮力のある中空ボディーが特徴のホローベリー。完全に浮かせて使うためネイルフロートをセットする

スピードと音のリアクションベイト
フットボールジグ

おもな特徴	スピーディで直線的な動きがリアクションバイトを誘発する。
Season	春◎　夏◎　秋◎　冬◎
Tackle	ベイトタックル（フロロ8〜12ポンドライン）

Tバンプ3/8オンス＋4インチダブルテールグラブ／エッグボールジグ1/2オンス＋モコリークロー

「ヒュッ、ストン!」で食わせる釣り

　"リアクションの釣り"。フットボールジグを使うときにもっとも意識すべきキーワードだ。いろんな意味が含まれるが、要するに「食性以外でルアーにバイトさせる方法」だと思ってほしい。

　腹を空かせたバスが「エサだ!」と思ってバイトする場合、そのルアーに求められる要素は「エサっぽさ」である。前の項目で紹介したノーシンカーのぴくぴくメソッドなどはその最たるもので、ワーム自体のサイズやボリューム感がワカサギに似ていないと見切られてしまう。こういう方法は"食わせの釣り""マッチザベイト"などと呼ばれている。

　ところが、バスルアーのなかにはエサと似ても似つかないものが存在する。むしろそういうタイプのほうが多いかもしれない。バスは、エサを追っていなくてもル

アーに反応する生き物だからだ。

たとえば目の前で何かが「ヒュッ!」と動くと、反射的に食らいついてしまったりする。これはスピードを使った"リアクション"で、フットボールジグが釣れる理由のひとつでもある。短い範囲でメリハリのある動きを出しやすいルアーだ。

この特性を生むのが独特なヘッド形状。同じラバージグでも、すり抜けを重視したアーキータイプのヘッド（83ページ）はフォール時に水の抵抗を受けやすく、スライドしながら落ちていく。しかしフットボールジグは水を切るように真下に落ちるので、同ウエイトならフォールスピードはかなり速くなる。

ダウンショットやネコリグも、重めのシンカーでスピーディーに動かせば似たような使い方ができるが、総合的に見るとフットボールのほうが"リアクションの要素"が強い。ボリュームのあるものが鋭く落ちる、という点にバスは惹きつけられてしまうのだろう（「ルアーの大きさ」もリアクションバイトさせる要素のひとつだ）。

極めてプレッシャーが高いトーナメントの状況下でもフットボールが効くのは、このルアーがソフトベイトのなかで最大のリアクションベイトだからである。

名前のとおりフットボール型をしたヘッド。フォール時や持ち上げたときに極めて直線的な動きをみせる。食わせの釣りが効かないときほどフットボールジグのリアクションが効果を発揮しやすい

まっすぐ落ちる! フットボールジグ

真下へ直線的に落ちるのがフットボールジグの特徴。地形変化に沿ってタイトに、スピーディーに探っていける。特に3/8オンス以上のモデルはリアクション要素が強い。フワッと落ちるライトリグに食わないときこそ出番だ。
シェイクなどはせず「持ち上げて→落とす」だけでOK。カーブフォールだとスピードが遅くなるので、落ちていく最中はラインを張らないように。

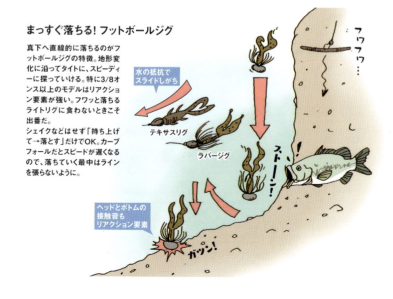

フットボールの出しどころ

　ヘッドに重心が集中していて、しかも重たいウエイトを使うため根掛かりしやすいのがフットボールジグの欠点だ。逆にいえば「引っかからなければどこでもOK」なアイテムでもある。

　ブレイクや浚渫などのボトム変化で使ったり、岩盤に沿って落とし込んでいくのがオーソドックスな使用法だろう。水中の見えないもの、しかもある程度の規模があるものを手早くチェックしたいときに重宝する。スモールマウスをディープフラットでねらうときの定番アイテムでもある。

　もちろん杭や護岸などを撃っていくのもいいし、ウイードエッジを探ったり、水深1m以内のシャローで投入するのもアリだ。ライトリグより展開が速いので、サーチベイトとしていろんな場所を探るのにも向いている。

　基本的にはオールシーズン使えるルアーのひとつで、特に状況が悪化した場合ほど効きやすい印象がある。たとえば秋口に急な冷え込みに襲われ、水温がガクンと落ちたとき。昨日まで釣れていたのにサッパリ反応が途絶えたとき。まっさきに試すルアーのひとつがフットボールだ。

　ただし真冬は出番が減って、よりいっそうリアクション要素の強いメタルジグやメタルバイブに頼ることが多くなる。まとめると、バスのコンディションがはっきりしやすい夏や冬ではなく「微妙な季節」である春や秋に活躍しやすいルアーといえるかもしれない。

トーナメントでもフットボールジグがウイニングルアーになることは多い。2013年のTOP50早明浦ダム戦、2014年の旧吉野川戦、2015年の遠賀川戦……いずれも春と秋ばかりなのは偶然ではない

スピード重視の3/8&1/2オンス

　僕がおもに使っているフットボールジグは2種類。引っかかりやすい場所ではガードの付いたエッグボールジグ、それ以外ではTバンプを選ぶ。後者はタングステンの濃度が高くて同ウエイトでも小粒なので、さらにフォールスピードを速めることができる。

　ウエイトは3/8オンスと1/2オンスの使用頻度が9割以上。どちらも浅い場所から水深10m前後のディープまでオールレンジで使える。イメージとしては「ヒューッ、ストン」と動かせる3/8オンスに対し、1/2オンスは「ピュッ！　ストン！」という感じ。その日のバスが強いリアクションに反応するようなら重くする。

まれに1/4オンスも使うが、フワフワしがちでリアクション要素は弱め。3/4〜1オンスモデルは非常に鋭いアクションが出せる反面、根掛かりとの戦いになってしまうだろう。

トレーラーにはあまり水の抵抗を受けないものが向いている。フォールスピードを殺さないためだ。さすがにストレート系ワームでは波動がなさすぎるので、テールがピラピラと動く4インチダブルテールグラブを多用している。さらに抵抗の少ないモコリークローやシングルテールの4インチグラブに替えると、同じウエイトでもスピードアップが可能だ。

最後に、フットボールジグのキモのひとつに"音"の要素があると僕は考えている。ヘッドが勢いよくボトムに当たる「カツン」という硬質なサウンドが、リアクションバイトを誘発するパワーのひとつになっているのだ（リアクションダウンショットにも同じことがいえる）。

したがってハードボトムを見つけたらガツガツ当ててみるなど、水中でどんな音が出ているか意識しながら使ってみよう。3/8オンスと1/2オンスで反応が変わってくるのは、もしかするとスピードより"音の違い"が大きいのかもしれない。

「普通のラバージグ」の出番は？

スモラバはしょっちゅう投げているが、いわゆる「普通のラバージグ」はあまり使わない。カバー撃ち用のルアーとしてはテキサスリグと双璧をなすアイテムで、かつてはよく使っていた。別に嫌いなわけではない。カバーに入りさえすればたぶんどっちでも食うよね、というのが本音。そして対応力の広さを考えると、テキサスリグのほうがより濃いカバーにもねじ込めるので有利なのだ。

特にトーナメントのようなシビアな状況だと、普通のラバージグが入るようなスキマはすでに誰かが撃っている。より狭いスポットへ、より奥へ……と考えたら、やはりテキサスのほうが使い勝手がいいのだ。

ただ、ルアーの性質としてはラバージグのほうがリアクション要素が強くなりやすい。「ジグで食ったらデカイ」とよくいわれるが、たしかにその傾向はあると思う。

ボリュームがあって水の抵抗も強いラバーの塊が「グワン!」と落ちてくるようすは、テキサスリグの「ストン!」という動きと異なる"何か"があるのだろう。ビッグベイトの存在感にバスが惹きつけられてしまうのと同じ原理だ。実際、ビッグダディをセットしたボリュームのあるジグはいろんなフィールドで定評がある。

ジグを使うときは、スピードを殺さないようにやや重めのウエイトを使うほうが僕の好み。テキサスリグでは6gがベースだったが、ラバージグは14g以上をメインにしている。

水面ピチャピチャ、なんて虫?
虫ルアー

おもな特徴	水面で波紋を立てて誘う。バスに見切られにくい。
Season	春○　夏◎　秋◎　冬○
Tackle	スピニング(PE0.6〜1号)

青木虫1.5in

虫だけど、虫じゃない

「セミルアー」と呼ばれるジャンルがある。文字どおりセミをかたどったフォルムのルアーで、水面に浮くトップウォータールアーのひとつ。弱ったセミが湖面に落ちて、それをバスが捕食しているときに効果的なアイテムだ。

しかしここで紹介する「虫ルアー」は、これとは少しねらいが異なる。セミルアーが「セミを食っているバス」だけを相手にしているのに対し、虫ルアーはねらえる対象がもっと広い。使う季節にしても、昆虫の多い春や夏に限らず、低水温期でも条件さえ合えば反応させることができる。

虫ルアーに適した条件というのは、ずばり「バスが水面を意識しているとき」。これだけならトップウォーター全般と同じだが、虫ルアーはシルエットが小さくてスレにくいし、カバーまわりでも扱えるので、さまざまな状況に対応しやすい。フロ

虫ルアーとバスのポジション

虫ルアーは基本的にサイトフィッシングで使う。波動が弱めなので、離れた位置のバスには気づかせにくい。ただしボトムにいる魚が反応しないという意味ではない。

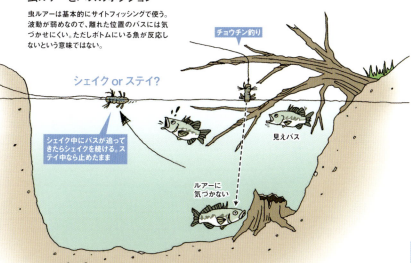

チョウチン釣り

シェイク or ステイ？

シェイク中にバスが追ってきたらシェイクを続ける。ステイ中なら止めたまま

見えバス

ルアーに気づかない

こちらはスモールマウス用に出番の多いセミルアー。見た目もそのまんま「セミ」だし、バスが「セミ」を食っているときに威力を発揮する

ラインを枝に引っ掛けて虫ルアーを「チョウチン」で使っているところ。水面に浮かぶルアーは、水中の魚にとって正体を見極めづらい

ッグをより繊細に、フィネス寄りにしたアイテムと捉えてもいいだろう。

　フロッグがカエルの疑似餌ではないように、虫ルアーもいろんな「エサ」に化ける。水面で波紋を立てれば小魚がエサをついばんでいるようにも演出できるし、浮きゴミにしがみついた甲殻類っぽく誘うことも可能だろう。

　11月に旧吉野川で行なわれたトーナメントでのこと。上流域のバスが水面で小魚を食っているのに気づいたが、ルアーをボトムに沈めると見切られてしまう。ところが水面をピチャピチャ叩いて誘ってみるとあっけなく口を使ってくれたのだ。結果、2日間で10尾釣って12kgオーバーで優勝。虫ルアーの底力を実感した出来事だった。

青木虫のセッティング

青木虫にマスバリをセットしたところ。たいていのカバーはこのセッティングでOK

　この釣りの軸になるルアーは、僕がデザインした青木虫1.5インチ。中空ボディーのワーム素材で、左右にシリコンラバーがセットしてある。

　トップウォーターのデメリットのひとつはフッキング率の低さだ。浮力が高すぎると吸い込みにくいが、水に馴染みすぎても見切られる。ほどよい浮力を保ちつつ、アクションさせたときに横移動を押さえられる形状を考えた。

　これにマスバリなどをセットしてノーシンカーで使う。ねらうカバーが濃ければガード付きマスバリやオフセットフックでもいいが、ノーガードでも意外に引っかかりにくい。PEライン（0.6〜1号）に直結するため、もし根掛かっても引っぱればフックを伸ばして回収できる。なお、水面で使うものなのでリーダーはセットしなくても問題ない。

　ロッドは7フィートくらいの長さがあるとカバー越しでもフッキングを決めやすい反面、操作性やキャストの精度が落ちる。6フィート6インチあたりが妥当だろう。

ラバーとワーム素材、2種類の「脚」が複雑な波動を生む青木虫。PEラインに直結して使う。これはオフセットフックをセットした状態

チョウチンで誘った虫ルアーにヒット。細くて強度のあるPEラインを使えば枝に巻かれた状態でファイトすることも可能

虫ルアーとサイトフィッシング

　操作方法は、バスのポジションに応じて2〜3パターンが考えられる。

　ひとつめはカバーに入っているバスを見つけたとき。いちばん食わせやすいタイプで、近くにダイレクトにアプローチしてもOK。水面でシェイクして波紋を立てたり、ルアーに気づいていれば止めたままようすを見るのも可。

　どちらの動きで食うかはバスしだいだが、覚えておきたいのは「シェイクに反応したらシェイクし続ける。ステイに反応したら動かさない」こと。特にバスが近くまで来てジーッと観察しているときは、途中でアクションを変えるとたいてい見切られてしまう。

　また、水面上の枝などにラインをわざと引っ掛けて「チョウチン釣り」で誘う手もある。一箇所で延々と誘ったり、水面から持ち上げてバスの視界から消すといった小技も使えるようになる。ただしキャストが上手くないとトラブルが増えるのがデメリットだ。

　もちろん、オープンウォーターの見えバスに投げてもいい。バスの目の前に落として食えばそれでいいが、多少なりともプレッシャーの掛かったフィールドではそう簡単には反応してくれないだろう。

オープンウォーターでも食わせることは可能。バスの反応を見ながら、動かしたほうがいいのか止めたほうがいいのか判断する

そこでまず、流れのある場所だったら上流側に落としてバスの近くまでドリフトさせてみる。シェイクしながら流したり、ほとんど動かさずにバスの近くで「ピピッ」と波紋を立てたりと、誘いのパターンをいろいろ試す。

小魚を追ってフラフラしているようなときは食わせづらいので、近くのカバーに入ったタイミングをねらってキャストするのもいいだろう。

ところで、ここまでの解説がすべて「見えバス対策」であることに気づいただろうか？

虫ルアーはけっして動きの強いルアーではない。遠くからバスを呼ぶ力は乏しいのだ。しかも釣りのテンポが遅いので、バスが見えていない状態で使うと効率が悪くなってしまう。同様に、水が濁っているときもあまり効果的ではない。

ただしアピールの弱さ＝スレにくさでもあるので、サイトフィッシングで使うにはぴったりのルアーだといえる。

よくある展開としては、カバーをテキサスリグやスモラバで撃ちつつ、バスが見えたら虫ルアーを投入。先発完投タイプではなく、ローテーションの一角に加えることで効果を発揮するたぐいのルアーである。

虫ルアーの入ったボックスの一角にはフロッグも。タイプは違えど「水面にある得体のしれない何か」を演出するという点は共通している

ヘビーカバー陥落! 表層ケロケロ作戦
フロッグ

おもな特徴	水面に浮く。非常に引っかかりにくく、ほぼすべてのカバーを攻められる。
Season	春○　夏◎　秋○　冬△
Tackle	ベイトタックル(PEライン2〜3号)

ケロボーイ改／スリザーク／ダイビングフロッグ

バスの意識がどこに向かっているか

　フロッグは、中空のソフトボディーにダブルフックとウエイトを付けたシンプルな構造のトップウォータールアーだ。

　最大の特徴は「極端に引っかかりにくいこと」。浮力が強く、フックの先端がボディーに沿うように設計されているので、ほかのルアーではまったく太刀打ちできない障害物の奥にもアプローチできるのだ。

　カバーを撃つだけならテキサスリグでも構わないが、フロッグは水面を泳がせて広範囲を探ることもできるし、音や波紋によるアピールも強い。水面にあるからこそ見切られにくいという利点もある。オーバーハングの奥へスキッピングでねじ込むのも得意だ。

　デメリットは、フッキングがあまりよくないこと。引っかからないように作られて

フロッグの使い分け

ねらうのが濃いカバーならノーズの細いタイプ(スリザーク)、薄めの浮きゴミなどを「面」で探るならポッパータイプ(ダイビングフロッグ)を選ぶ。
いずれもロッドワークで連続的にドッグウォークさせる。長くポーズさせることはあまりないが、カバー下の水深があるときはややスローな首振りにして、バスが深いレンジから上がってきやすいようにすることも。

中空ボディーを「ガブッ!」とバスが噛み潰して初めてフッキングが可能になる。フロッグでミスバイトが多いのはこれが理由だ

いるので、当然といえば当然だが……。特にカバーが濃かったり食いが浅いと10発出て半分しか乗らない、なんてこともザラにある。

いずれにせよ「バスの意識が水面に向かっている」「なおかつカバーが絡んでいる」ときに威力を発揮するアイテムで、季節もあまり関係ない。

亀山湖などは冬でもシャローカバーに魚がいて、デカいバスがフロッグに反応してくれる。これもなんらかの理由でバスが水面を意識しているからだろう。一方、いかにもフロッグに出そうな夏のカバーまわりでもボトムのルアーにしか反応しないときは効果が薄い。

ちなみに「フロッグ(=カエル)」というジャンル名は形状に由来するもので、バスがカエルを捕食しているかどうかは関係ない。

PEラインの使用が大前提。カバーとの摩擦に強いだけでなく、伸びが少ないのでフロッグを操作しやすく、遠くでもフッキングが決まりやすい。ケロボーイ改は2号、そのほかは3号を使う

タイプ別の使い分け

僕はカバーの濃さと規模に応じて3つのタイプを使い分けている。

もっとも密度の濃いカバー（奥行きのあるレイダウンや密集したブッシュ、もしくは複数のカバーが合わさったポイントなど）にはスリザーク。ボディーが先端にかけて細くなっており、すり抜けやすいデザインのモデルだ。ルアーを引いてくるスペースがなくてもOK。いわゆる点の釣りで、狭いスポットでロッドワークを駆使して首振り＆ポーズで誘う。

びっしりと水面を覆うヒシモのマットカバー。これだけ大規模になるとアピールの強いダイビングフロッグで広く探りたい

これより少し薄いカバー、たとえばバンク際に浮きゴミが溜まっているようなスポットだとダイビングフロッグでアプローチする。探る範囲が広いときもコレ。連続的に首を振らせながら横移動させていく。ヘッドが水を受ける形状なので、広い範囲のバスに気づかせやすい。反面、カバーのすり抜け性能はやや落ちる。

オーバーハングにレイダウンの複合カバー。スリザークやケロボーイ改をスキッピングでねじ込んで、シェード内で首振りさせる

さらに軽度なカバーであればケロボーイ改の出番。3種類のなかではいちばんハリ掛かりがいい。ボリュームのある虫ルアーといった位置付けだ。

フッキング重視のローテーションなら、最初はケロボーイ改で撃ち、カバーが広かったり濁りが強いとダイビングフロッグ、そしてヘビーカバーでピンポイント的にスリザークを投入、という順序で考える。「スピード重視。ひとつのフロッグで全部のカバーを撃ちたい」のであればスリザーク一本に絞ってもいいだろう。

ただし、フロッグ以外のルアーを選択肢に加えると展開はさらに複雑になる。「バスが水面を意識していてカバーが絡む」こんな場所はバックスライド系でも攻めやすいわけで、フッキングもそのほうが断然いい。掛けたあと、カバーに巻かれる恐れが少なければスピニングで虫ルアーを投入するのもアリだろう。

結局のところ「カバーの攻めやすさ」「そのルアーで食うかどうか」「フッキング率」のバランスを考えながら決めていくしかない。トーナメントでフロッグの出番が少ないのもこれが理由で、たとえ反応がよくても、確実にキャッチできなければ意味がないからだ。

とはいえフロッグの釣りは楽しい。個人的には、冬の亀山湖に行くならフロッグだけ丸一日投げていても平気だ（笑）。

バスを狂わす金属片
メタルジグ

おもな特徴	リフト&フォールで使う。バスルアーのなかではリアクション要素がもっとも強いアイテム。
Season	春○　夏◎　秋◎　冬○
Tackle	スピニング（フロロ4～5ポンドライン）、ベイトタックル（フロロ8～12ポンドライン）

メタルワサビー4～18g

フォールで食わせるための「シャクリ」

　メタルジグはバスルアーのなかでも一種独特な存在だ。平らな金属の塊にフックを付けただけのシンプルな構造。巻けば勝手に動くタイプのルアーではないので、ロッドワーク（シャクリ）とフォールを駆使して積極的に操作する必要がある。

　トリッキーで予測しづらいアクションが持ち味であり、リアクションの強いルアーだとされる反面、小魚をねらってボイルするバスを釣るケースもあって、その意味では「食わせ」の要素も備えたアイテムだ。

　中層で誘うのがメタルジグの基本的な使い方。地形や障害物をねらうケースもあるけれど、出番が多いのはバスが表層～中層に浮いているとき。僕の場合

は2〜3回シャクってフォール、というリズムで釣っていくことが多い。

シャクると「キラッ、キラッ」と光を反射しつつ不規則な動きを見せる。ただしバイトが多いのはそのあとの「ヒラヒラヒラ……」と落ちていくアクション。

シャクリでアピールしてバスに気づかせ、フォールで食わせる、というメリハリを意識して使うのがオススメ。この点はミノーの「ジャーク」と「ポーズ」の関係に似ている。

メタルジグのなかにも引っかかりやすいものとそうでないものがあり、僕は根掛かりの少ないメタルワサビーを多用している。フォール時にとんでもない場所へスライドしてしまうものは扱いにくいのだが、その点でもこのルアーは優秀で位置を把握しやすい。

メタルワサビーには4サイズがラインナップされており、使うレンジごとにすべてのウエイトを使用する。軽いほうから順に用途を紹介していこう。

メタルジグ・ウエイト別の使い分け

バーチカルに探るときも少しずつ横移動

チョイ投げ

8gの場合

4gの場合

12g & 18gの場合

シャクリの縦幅は50cmあればOK

フォールが速いので1mくらい持ち上げて落とす

5m

10m

沖の中層で小魚を追っているときは4gのワサビーを遠投して探る。キャストした距離の2/3くらいまで引いたらピックアップ。レンジコントロールはあまり気にせず、ざっくり釣っていけばOKだ。

水深3〜5mまで落とすなら8gが使いやすい。チョイ投げでバーチカル気味にリフト&フォール。

さらに深いレンジでは12gか18gを真下に落として使う。同じ場所で何度もシャクって食うルアーではないので、少しずつ移動しながら探るのがコツ。

ちなみにシャクリながらエレキを踏んで一定層をドラッギングできれば効率よくチェックできる。上級者向けのテクだ。

オープンウォーターの表層攻略

　夏になると、沖のオープンウォーターで小魚を捕食しているバスをよく見かける。ペンシルベイトで探ってみたり、ノーシンカーリグを水面直下でトゥイッチするといった手もあるが、こうしたルアーはねらえるレンジの幅が狭い。飛距離が出てすばやく沈むメタルジグなら、縦にも横にもスピーディーに探っていける。

ボイルはアングラーの近くで起こるとは限らない。とっさに遠投できるのもメタルジグの長所。4gにはPE0.4〜0.6号＋リーダー5ポンドを使用する

　ボイルが頻発しているとき、もしくは魚探で確認してバスのレンジが浅ければメタルワサビーの4gをセレクト。スピニングタックルで遠投し、1〜2m沈めたら「ピピピッ」とシャクってフォール、という誘いを繰り返す。

　このウエイトで探りやすいのはだいたい水深2〜3mレンジまで。ボトムの水深は5mでも10mでも構わない。エサとなる小魚がいるエリアで、動きの速いバスを広範囲に探っていく感じだ。

　レンジが浅いので、条件によってはほかのルアーでも食うと思う。ただしクリアでプレッシャーが高かったりすると小粒でスピードの出せるメタルジグが効きやすい。春に孵化した小魚はこの時期に3〜4cm程度になっていることが多く、それもコンパクトなメタルに反応させやすい理由のひとつだろう。

　沈むルアーなので、慣れないうちは自分が何mを探っているのか把握しづらいけれど、細かなレンジキープはあまり気にしなくていい。かなり大ざっぱな釣りなのだ（笑）。

　それより大事なのは「狭い範囲で何回も落とす」こと。フォールがバイトチャンスになるので、ワンキャストのあいだに何回フォールさせられるかによって釣果が変わってくる。

　極端にいえばシャクる必要もなく、スーッと持ち上げて落とすだけでも食わせることはできる。でもそれではメタルジグが横に移動しすぎてフォールの回数を増やせない。だからこそ、鋭く短い縦方向のロッドワークが必要なのだ。ルアーを動かすのが目的ではなく「高く持ち上げて落とす」ためのシャクリだと考えよう。

バスが表層で小魚を追っているときに何を投げるか？エサのサイズにルアーを合わせるのが基本だ

サーモクラインの低下とレンジ

さらにバスのレンジが深くなればメタルワサビー8gに切り替える。季節が夏から秋に向かうとサーモクライン（＝水温躍層。水中で温度が大きく変化する「壁」のこと）の位置がどんどん深くなっていき、同時に小魚やそれを追うバスのポジションも下がっていくからだ。

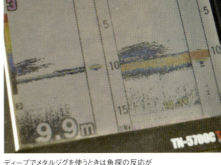

ディープでメタルジグを使うときは魚探の反応が頼り。まずはバスや小魚が映ったところでメタルジグを投入というシンプルな使い方でOK

具体的には水深3〜5mレンジが8gモデルの主戦場。釣り方やねらいは4gと変わらないが、レンジが深いぶんアングラーとバスの距離が離れる（＝プレッシャーを掛けにくい）のでロングキャストしなくてもOK。ピッチングやチョイ投げで15mくらい飛ばして沈め、あとはバーチカル気味にシャクリ&フォールを繰り返す。

そのあと、どんどん水温が下がってバスのポジションがボトムに近づいていくにつれ12gと18gの出番が増える。この2サイズはおもに水深5mより深いところで投入。

4〜8gは完全に中層の釣りだったが、12〜18gはいったんボトムまで落としてからシャクリを開始すると水中をイメージしやすいだろう。当然根掛かりも増えるが、自重のあるルアーなので意外と回収しやすい。「引っかかったかな？」と感じたら強くロッドをあおらずに、真上に移動して軽くチョンチョンと踊らせてみよう。

基本的には夏に表層で起こっていた捕食行動がそのまま深いレンジに下がっただけなのだが、冬になると水面でボイルが起こったりもしないので、メタルジグの出しどころがイメージしづらいかもしれない。

とりあえず魚探を見ながら、バスや小魚の群れが中層に映ったらメタルジグを投入、というざっくりした使い方で構わない。釣れるときはすぐに反応が出るのでバイトがなければ粘る必要はない。

たとえばディープにハンプを発見、しかも小魚がどっさり映ったので、一箇所にとどまってずっとシャクる……コレはいちばんダメなパターン。どんどん流しながらスピーディーに探るべきルアーなのだ。

魚探によさそうな反応が出るとつい粘りそうになるが、常に横移動しながら探っていくのがメタルジグで釣るコツだ

越冬場のボトム攻略
メタルバイブ

おもな特徴	巻くとバイブレーションのように泳ぎ、フォールはメタルジグ的。冬に欠かせないアイテム。
Season	春△　夏△　秋△　冬◎
Tackle	ベイトタックル（フロロ8〜10ポンドライン）

リアクションボム5〜11g

メタルジグとの違いは「ボトム攻略」

　薄い金属板などをベースにして、ボディー下部にウエイトを持たせたのがメタルバイブレーション。通称「メタルバイブ」だ。

　巻くと細かく振動して泳ぐようすがバイブレーションと似ているためこの名がついた。しかし、ただ巻くだけならレンジキープ力やウイードなどの回避性能で勝るバイブレーションのほうが使いやすい。メタルバイブの持ち味は、メタルジグと同じように「フォールで食わせる」ところにある。

　夏から冬にかけて出しどころの多いメタルジグに比べ、メタルバイブはおもに冬に使うアイテムだ。わかりやすくいうと「中層を釣るならメタルジグ、ボトムならメタルバイブ」というのが基本的な使い分け。

　アクションはリフト（シャクリ）＆フォールで、落としていくときにバイトさせるのも

メタルバイブの「適所」

ボトムを細かく切っていくようにリフト&フォールできるのがメタルバイブの持ち味。1〜2回シャクってフォールを繰り返す。低水温期の「越冬場」でライトリグと同時に用意すべきアイテムだ。

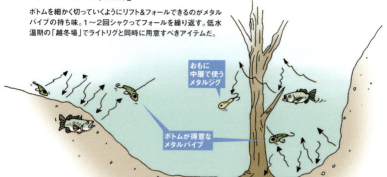

　メタルジグと変わらない。ただしメタルバイブは動かしたときに「ブルブルッ」と水の抵抗を受け、短い距離で縦に持ち上げやすい。つまり、横移動を抑えて狭い範囲で何度もフォール=バイトチャンスを作ることができるというわけ。冬になってボトム付近で動きの鈍くなったバスに対し、この誘いが非常に効果的なのだ。メタルバイブのほうがメタルジグより根掛かりしづらいというメリットもある。

　一方、ハイシーズンに表層〜中層で小魚を追っているときはメタルバイブの「ブルブルッ」が邪魔になる。よりスピードの出せるメタルジグのほうが騙しやすいし、探るテンポも速いのだ。

ウエイトと使うレンジ

　マッディーシャローからクリアウォーターまで、どこでも使えるルアーだ。ねらう水深も問わない。霞ヶ浦水系などでは真冬でも1mより浅いレンジを釣ることがある。

　障害物が多くなければどんな地形で使ってもいいが、基本的には冬の魚をねらっているので「冬にバスが集まりそうな、風の当たらない、周囲より少し深い場所」などを探ることが多い。ブレイクの深い側だったり、水深のある消波ブロックまわりなど、いわゆる"越冬場"を重点的に釣っていく。

　よく使うアイテムはリアクションボム。軽いものでは5gから、ウエイトが細かくラインナップされているのがポイントだ。ねらうレンジに合わせてウエイトを変えてやることが大事。5〜7gモデルは水深1mあたりまで、1.5〜5m前後は9g、そして11gはさらに深いところで投入する。

　なお、ここで挙げたレンジは「ボトムの水深」のこと。中層で使うことはまれなので、ボトムまで効率よく落とせるウエイトを選ぶわけだ。浅いところで重いウエイトを使ってもいいのだが、根掛かりが増えて逆に効率が落ちる。

中層フラフラ、ロールアクションの魔力
ミドスト

おもな特徴	フィネス寄りの食わせ系リグ。横方向にテンポよく探れる。ウエイトによってレンジを刻みやすい。
Season	春◎　夏○　秋○　冬◎
Tackle	スピニング（フロロ3〜4ポンドライン）

フラッシュJ3インチ

生き残った「ジグヘッドリグ」

「ミッドストローリング」を略してミドストと呼ぶ。ジグヘッドリグをシェイクしながら中層を泳がせるテクニックだ。

　現在のトーナメントシーンでジグヘッドを使うリグといえば、このミドストとジグヘッドワッキーくらいのもの。ひと昔前はストレートワームやグラブのジグヘッドなどもオーソドックスだったが、こうしたリグはカバーが苦手だったり、アピールが弱すぎたり……といった理由で必要性が薄れ、ほかのリグ（スモラバ、ネコリグ、ダウンショットなど）に出番を奪われていった。

　そんななか、ミドストが今まで残っているのはなぜだろう？

　ミドストにはボディーが扁平な専用ワームを使うことが多く、水中でうまくラインスラックをコントロールして操作すると、ボディーが左右にパタパタと倒れる「ロ

ールの動き」が出せる。

これはシャッドやミノーのロールアクションよりもさらにナチュラルな波動で、ほかのワームには出しづらい動きでもある。

つまり「このリグでしか反応させられない」というシチュエーションが存在するからこそ、ミドストが現在でも有効なメソッドとして使われているのだと思う。

あまり得意でないのは深めのレンジを探ること。水深2mより下を探るなら、ダウンショットリグを使うミドスト（スイミング）のほうがレンジキープが容易だ。ワームはリーチ系を縦刺しにセットしたものを使う。これもロールの動きを出せるうえに根掛かりもしづらい。

ただしバスがワカサギを偏食しているときは見た目が小魚っぽいワームのほうが効いたりするので、そんなときはフラッシュJのようなリアルフォルムの独壇場。いずれにせよクリアウォーターで出番が多いリグだから、バスの反応を見ながら使い分けよう。

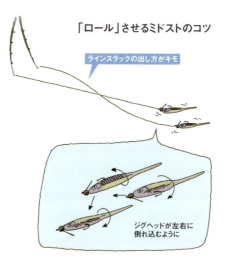

「ロール」させるミドストのコツ

ラインスラックの出し方がキモ

ジグヘッドが左右に倒れ込むように

ミドストのロッドワークは「たるませたラインを軽く弾く→すぐ緩める→また弾く」の繰り返し。ジグヘッドをダイレクトに動かすのではなく、ラインスラックを弾くことに集中しよう。
水中で左右にパタパタ倒れ込む動き（＝ロール）になっていればOK。ツンツンと前に動いてしまう場合は、もっとラインをたるませてみよう。
リールはたるんだラインを巻き取るだけでOK。リーリングで引っぱって泳がせないように。

バスが小魚を捕食しているときは横方向に泳ぐタイプのルアーが効く。これが冬〜春にミドストが効く最大の理由だ

ジグヘッドはガード付きのラウンドタイプを使用。ボディー中央よりもやや上にフックを通す

低水温期のサーチベイト

0.9gと1.3gの使用頻度が高い。どのウエイトを使えばいいか迷ったら、1.3gでワームが見えるくらいのレンジを引くことから始めてみよう

使用頻度が高いのは冬と春。これはバスの食性と関係がある。

寒い時はエビなどの活動が鈍くなるので、バスが食べるエサのなかで小魚の占める割合が増えていく。当然、ルアーも小魚っぽい動き＝横方向のアクションが効きやすくなって、そこにハマるのがミドストというわけだ。

おもに中層を釣っていくため、カバーに絡めるのでなければどんなロケーションでも出番がある。クリアで障害物の少ない湖だったら、最初はミドストだけで1周してバスの反応を探るのもアリだろう。

真冬の津風呂湖を訪れたときのこと。水温は6〜7℃で、ディープしか釣れないとの前情報だったが「冬でもシャローでベイトを食うバスはいる」と考えてミドストで探った。その結果、ロクマルオーバーが水深2m前後で口を使ってくれた。

クリアウォーター以外でも出番はある。たとえば常に水が濁っている霞ヶ浦で、浅いリップラップや消波ブロックの上をミドストでトレースしたりする。普通はクランクをガツガツ当てて巻いたり、ネコリグなどで探る場所だが、ちょっとしたレンジやアクションの違いで反応が増えることもあるからだ。

集魚力の強いリグではないので、ねらうレンジに合わせてウエイトを変え、バスの近く（厳密にいうと目線の少し上）を通してやるイメージを持とう。

僕がよく使うセッティングはエグジグヘッド＋フラッシュJ3インチ。フックの軸がワームの上寄りを通るようにセットするとロールさせやすい。水深1m以内を泳がせるなら0.9g、1〜2mだと1.3g、そして2mレンジでは1.8gのジグヘッドを選ぶ。それより重いウエイトはロールの動きを出しづらくなるのでほとんど使わない。

最後に肝心のロッドワーク。キャストしたらティップをやや下方に向け、ラインとロッドに少し角度をつけてシェイク開始。ここでラインをピンと張るのはNGで、たるませた状態から「プン、プン、プン……」と、軽く弾くように、リズミカルに連続したロッドワークを加える。最初は水のきれいな場所で、ワームの動きを確認しながらやってみよう。

ミドストは使うロッドによっても動かしやすさが大きく変わる。ざっくりいうとファストテーパーよりレギュラーテーパーのもの。ティップが硬すぎないミドスト専用ロッドがベストだ。

ワーム禁止の河口湖ではポークのミドストも使う

水を押さない不可思議ニュージャンル
I字系ルアー

おもな特徴	きわめて波動の弱い直線的な動き。クリアウォーター専用。
Season	春◎　夏△　秋△　冬△
Tackle	スピニング（フロロ3〜4ポンドライン）

デルゼ70F／ディッシュワーム（仮称）／アイ・ウェーバー74SSS

春を告げる弱波動表層系

　2月下旬〜3月頭といえば体感的には真冬の状態が続いているが、実は日照時間がじわじわと長くなり、水温もわずかに上昇しはじめる。このタイミングで釣れはじめるのが「I字系ルアー」だ。

　ここ数年でメジャーになったジャンルのひとつで、ほとんど水の抵抗を受けない棒状のプラグまたはワームを「スーッ……」とまっすぐ引くことからこの名がついた。

　なぜこのルアーが早春に効くのか？

　日照時間が伸びると、まず水温が上がるのは表層である。ボトム付近には冷たい水（＝比重が大きくて重い）が溜まっているのに、水面付近だけそれより2〜3℃も温かい水の層ができたりする。

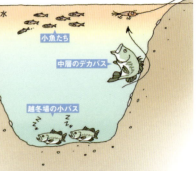

I字系の「適所」

日照時間が伸びるにつれ、水は表層から温まっていく。その水を求めて↑上がってきたバスをねらうのがI字系ルアーだ。使う地形は問わない。たとえ水深10mでも、クリアウォーターなら3〜4mレンジに浮くバスが反応する可能性アリ。小バスはまだ動きの鈍い時期であり、大型にねらいを絞りやすい釣りでもある。
苦手なのはカバーまわり。流れが強い場所でもルアーを引きづらい。

プラグタイプのI字系ルアーは波風があっても目立ちやすく、トレブルフックで掛かりもいい。見切られたり、ちょっとした障害物が多ければワームの出番

4月第1週の七色ダム。水温がまだひと桁台のコンディションでもシャローでバスの姿を確認できた

I字系ルアー —— 適材適所のルアーセレクト　スタンダードアイテム編

　すると、冬のあいだ深いほうにいたバスたちは、より適水温に近い表層の水を求めて浅いレンジに差してくる。同時に小魚などが上がってきてエサが増えることも、バスを表層に惹きつける要素になっている。

　水押しのアピール力が弱いルアーを視覚的に発見させる釣りなので、透明度の高いフィールドで使うことがほとんどだ。また、カバーが多い湖ではバスがそのなかに入ってしまってI字系ルアーでは気づかせにくくなる。

　この時期のクリアウォーターで使うアイテムとしてはミノーやシャッド、ミドストも一般的だ。ただしこういったルアーの波動をバスが嫌うことがある。ひとつのストレッチをジャーキングで流して1尾釣ったあと、I字系で流しなおすとワラワラと湧いてくる……なんてことも。ほかとは極端に特性の違うルアーなので、早春のローテーションの一角にかならず加えておきたい。

　使いはじめる目安は「最低水温から1℃でも上昇した」ころ。三寒四温の『温』がベストで、1日のなかでも日が差してポカポカ陽気になったときのほうが効きやすい。逆に『寒』の日に当たってしまったら、冬の釣りに戻すことも考えよう。

4月中旬の早明浦ダム戦、ディッシュワームでキャッチした2500gオーバー。コロコロ変わる春らしい天候のなか、暖かい日はシャローでI字系に反応がよかった

水面下20cmの攻防

　I字系の釣りには大きく分けてハードルアーとワームの2種類がある。基本的な使い分けは「引っかかりやすいかどうか」。なにも障害物のないオープンウォーターだったら、アイ・ウェーバー74SSSやデルゼ70Fで探っていく。

　ハードルアーのほうがワームよりも存在感があり、より広範囲からバスを引き寄せやすい。ただし寸前まで近づいてきた魚に見切られやすいのはハードルアーのほうだ。トレブルフックの存在が違和感を与えるらしい。

　ブッシュの際を通したり、水面に落ち葉などゴミが多くてハードルアーを引けないときはワームの出番。専用にデザインしたディッシュワーム（仮称）を使う。以前は、ラミネートプロセンコーを半分にカットしたものを使っていた（テール側のみ）。

　どちらもロングキャストして、あとはただボーッと巻いてくるだけ。水面下20〜30cmを保ちながら一定のスピードで引く。反応するバスがいれば下から浮いてくるので、それが目で確認できるように、ルアーも見えるレンジを通す。

　スピニングリールのハンドルを2〜3秒で1回転するくらいの速度が目安。ルアーが水面に浮き上がらず、かつ沈まないスピードであればOKだ。

　もっと深いレンジを引いてもいいが、釣りのテンポが遅くなりすぎるので、確実にバスがいると思えるスポットでしか沈めない。もともとスローな釣りではあるが、用途はサーチベイトに近いのだ。

　チェイスがあるのに見切られてしまう場合は、途中で一度だけトゥイッチを入れて、反射的に食わないか試してみよう。どのタイミングで技を仕掛けるかは、バスの挙動を見ながら判断するとしか言いようがない。少なくともUターンする前にトゥイッチしたほうがいい。

　なお、このルアーは波風がないほうがバスには気づかせやすいが、実際は風がバンバン当たって荒れている日のほうがよく釣れる。水がうっすら濁っていたらハードルアーから始めてみよう。

feature #02

> 一軍BOXには いないけれど…

出撃待機中の スペシャリストたち。

トーナメントでかならずボートに積むルアーを
「一軍」だとすれば、ここに挙げるアイテムは
特定のフィールドや状況下でのみ登場する「代打要員」。
ルアーの優劣で決めているのではなく、
僕の釣りのスタイルから自然と導き出されたセレクトだ。
並べてみると、ハードルアーに関しては
「中途半端な強さのもの」の出番が少ないのだなぁと再発見。

スイッシャー

ただ巻きで使う。前後のペラが水をかきまわし、シャラシャラジョボジョボと金属音を立てるトップウォータールアー。僕のなかでは「弱い威嚇系」という位置付けで、I字系よりも強く、ビッグバドよりも弱い。だったらコレじゃなくてもいいんじゃないか、ということで出番が減った

サーフェイスクランク

リップが垂直気味に立ったシャロークランクで、巻いてもほとんど潜らない。水面に引き波を立ててアピールするタイプ。水深30cm程度のドシャローにバスがいて、このルアーでないと通せないときは使う。しかし水深1〜1.5mの表層で引いてもバスを寄せる力が弱いし、だったらスピナーベイトやバズベイトを投げてしまう

シンキングプロップベイト

スイッシャーに似ているが、水中に沈めて使うタイプ。日本ではスクリューベイト（上）が登場してから一時期ブームになり、デビュー当初は僕もさんざん釣らせてもらった。最近はこのアクションにもちょっとスレ気味。I字系と比べてトゥイッチなどの小技が効きづらいのも出番の減った理由だ。ただしギークプロップ（下）はスモールマウスのフィールドでライトキャロにしてよく使っている。プロップのおかげで水中姿勢が安定するからだ

テールスピンジグ

小バスがいっぱい釣れるイメージのルアー（笑）。ほかのメタル系に比べてリアクション要素が弱いので、僕にとっては中途半端な位置付けになってしまっている。ボリュームが小さいうえ、泳がせてもフォール中にもスピードが出しづらい。リアクションで釣るならメタルジグやメタルバイブ、コンパクト＋スローで食わせるならライトリグでもよいのでは、という感じ

リップ付きビッグベイト

波動の弱いS字系とは根本的に泳ぎが異なり、ブリブリと水を押す強波動のビッグベイト。シンキングプロップと同様、この種のルアーにスレていなかったころは巻くだけで食ってくれたが、現在はカバーに絡めたりして使わないとバスを騙しづらい。「モノに当てて釣る」という点では、でかいシャロークランクみたいなもの。冬のシャローカバーではたまに使う

ギル系ビッグベイト

ブルーギルそのものを模したルアー。リップ付きでしっかり泳ぐものからS字系やI字系などさまざまあるが「バスがギルを食ってるとき」に使うのが基本。特に、ブルーギルのスポーニングが行なわれる5〜6月は産卵床を守るギルがデカバスにねらわれ、この手のルアーが非常によく効く。……が、1年中必要なルアーではない。そもそも、ブルーギルはバスにとって食いやすいエサではないと僕は思っている

ビッグスプーン

メタルジグの釣りをシャローでやる場合、フォールスピードを落とさないと使いづらいのでメタルワサビーの4gなどを選ぶ(92ページ)。しかし捕食しているベイトが大きければルアーのサイズも上げてやりたいので、ビッグスプーンならちょうどいい。今のところはこの程度しか使い込んでいない。トーナメントで出しどころがあれば出番が増えるのだが

グラブのジグヘッドリグ

バスアングラーなら誰もが一度は通過するリグ……だったらしいが、僕は一度も使ったことがない(1982年生まれ)。中層をスイミングさせるのがオーソドックスな使い方(らしい)けれど、おそらく「ピロピロピロ」という波動をバスが見切るようになったのではないか。あまりに多用されすぎてDNAにインプットされているのかも! それは冗談にしても、同じジグヘッドリグであるミドストのロールアクションがいまだに釣れるのは、グラブのテールの動きに比べて複雑でバスを騙しやすいからだと思う。あくまで想像だが

スプリットショットリグ

JBトーナメントで鉛のシンカーが使えないため使用頻度が減っているリグ。このシバリがなければ、かなり使いどころはあるんじゃないか。キャロライナリグの簡易版として使えるのはもちろん、重めのシンカーでリアクションダウンショット的な釣りをやってみたり。使うワームによっては新たな発見がありそうだ。再ブレイクしそうなリグの筆頭株

ジャークのパワーで遠方よりバス来たる
ミノー

おもな特徴	小魚っぽい細身のシルエット。 ジャークで使うと異なるレンジのバスを寄せることが可能。
Season	春◎　夏○　秋◎　冬○
Tackle	スピニング（フロロ4ポンドライン）、ベイトタックル（フロロ10〜12ポンドライン）

ルドラ130SP／アスリート7SP／アシュラ925SP

春にミノーが効く理由

　バス釣りを知らない人が見ても「釣れそう」と思えるルアー、それがミノーだろう。細長いシルエットは小魚に似ているし、実際にバスがそういうエサを食っているときに効きやすいルアーでもある。

　だとすれば1年中出番があってもよさそうなものだが「ミノーは春に使うもの」というのが定説になっている。そして、これはある程度正しい。

　シャッドの項目でも書いたことだが、春はバスがいろんなルアーにスレていない状態だ。ところが時期が進むにつれて、特にクリアウォーターではバスが使うハードルアーを見慣れてしまうのか、急激に反応が悪くなっていく。

　水がきれいなフィールドで出番の多いミノーも例外ではない。「真夏にジャーキングで食った」という話をあまり効かないのには、こういった背景がある（ちな

みに、初夏にフローティングミノーを表層で操るメソッドがあるが、あれはトップウォーターと同じように"水面"という障害物を使うためバスを騙しやすい）。

　そんなわけで、春はミノー。まだエビなどが出てきておらず、小魚をおもに捕食している時期なのでマッチザベイトとしても有効だ。展開が速いからサーチベイトとしてテンポよく探れるし、ジャーキングで深いレンジから魚を引っぱることも可能である。

　使うエリアは特に制限はない。フラットでも急傾斜のバンクでも、カバー際などにも投入する。ミノーの潜るレンジは最大で2m程度だが、投げる場所が水深10mであっても可能性はある。

　ただし「バスが2m前後を意識している」ことが条件。たとえば5mレンジにいたとしても、上を通過するミノーに気づいて反応するならOKだ。どちらかといえばクリアウォーターで効果的なのは遠くからでも見えるため。水が濁っている場合は、後述するようにミノーのサイズで調節する。

春、クリアウォーターで使うボックスの一部。ミノーやシャッドはこの時期に出番が多い。ナチュラル系のカラーが大半で、キンクロやチャートもわずかに混ざっている

ジャーキングの「寄せる力」

ミノーの基本はジャーキング。左右へのダートとフラッシングで広範囲の魚にアピールできる。その後のポーズで「追いつけそう、食えそう」とバスが感じるのか、離れたレンジから浮上して食うことも多い。
ただ巻きで使う場合は、ある程度バスの居場所が絞り込めてから。「そこにいるはずの魚」を速巻きのリアクションで食わせるなど、あくまで補助的なテクニックだ。

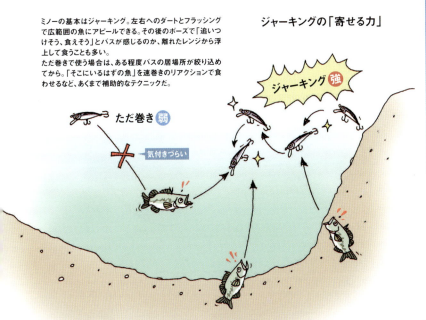

ジャーキングとただ巻きの違い

アメリカ人はミノー（＝小魚）のことを「ジャークベイト」と呼ぶ。つまりジャークしてナンボのルアーだということ。ただ巻きで使うのはかなり特殊なケース。まずはジャーク＆ポーズで使うことを覚えよう。

なぜかといえば、そのほうが遠くのバスも引きつけることができるから。

「ジャークする→ミノーが左右にダート→キラキラッとフラッシング→バスが気づいて近づく→ポーズ中に食う」

これがミノーで釣れる基本的なパターンだ。

仮に同じレンジでクランクベイトを巻いたとしよう。発する波動はミノーより強いので、離れた位置にいるバスも気づいてくれるに違いない。

ところが、よほどヤル気のある個体でないかぎり遠くからすっ飛んで来て食ったりはしない。「あの元気そうな物体は食えそうにないな」と見送ってしまうのだ。

整理すると、ジャークは「バスに気づかせるため」のアクション。そのあとにポーズを入れるのは「バスが近寄って食う時間を与えるため」。この２点を常にイメージしながら使うのがミノーのキモである。

カバーや障害物の際をねらうのでなければ、まずはロングキャストする。２〜３回リールを巻いて潜らせたら、たるませたラインをロッドティップで弾くように「パンパンッ」とジャーク。

このとき、ミノーが左右へ均等に大きくダートするのが理想。感覚がわからな

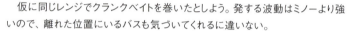

かつてはロングビルミノーが早春のセオリーだったが最近は出番が減った。同じ状態の魚をミノーのジャーキングでもねらえるからではないか

ジャーキングのロッドワーク

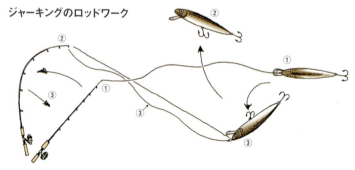

①ラインがたるんだ状態から、
②「パンッ」とラインを弾いてジャーク。ミノーが左右どちらかに飛ぶ
③すぐにまたラインを緩める。この動作を「２ジャーク＋１ポーズ」のリズムで繰り返す。ロッドワークの強さとスラックの出しあいによって動きが変わってくるので、まずはダート幅がもっとも大きくなるように練習しよう

ければ最初はルアーが見える距離で練習するといい。ジャークしたあと、すぐにラインをたるませてポーズを入れるのが大事なポイントだ。

ジャークの回数に決まりはないけれど、僕はたいてい「2回ジャーク＋1〜2秒ポーズ」のリズムで行なっている。少なくともワンキャストのなかでは同じリズムで繰り返すほうがいいだろう。

サイズを変えてバスに気づかせる

ミノーのサイズは、まずそのフィールドにいる小魚の大きさに応じて決める。

いちばん小さいものはアスリート7SP。ボディーの大きさが7cmで、日本の春のフィールドに多いワカサギやオイカワにマッチしたサイズだ。このほか、ひとまわり大きい9cm台のアシュラ925SP、そして13cmのルドラ130SPから選んでいく。泳ぐレンジは水深およそ1.5m、ルドラはやや深い2mあたりまで潜らせることができる。

実際のところ、ミノーの動きに反応するバスがいさえすれば、多少のサイズの違いには関係なく食ってくると思う。マッチザベイトというより、そのミノーの大きさでバスが気づいてくれるか？　という点で使い分けることが多い。

たとえばアスリートミノーではじめて、風が強くなったタイミングでアシュラにローテーション。荒天やローライトになると小さいルアーは目立たなくなるからだ。逆にピーカンベタ凪のときは小型ミノーでしか食ってくれないこともあるだろう。

水の透明度に応じてサイズを変えるのもよくあるケース。霞ヶ浦や高滝湖では春にビッグミノーを使うのが定番になりつつあるが、こういったフィールドは水が濁り気味なのでボリュームがあったほうが気づかせやすい。結果的に大きいミノーがよく釣れるのであって、小さいミノーが効かないわけではないのだ。

カラーはナチュラルな小魚っぽいものがあればOK。ゴースト系よりもメタリックな配色のほうがアピールはやや強くなる。

なお、ここに挙げたミノーはどれもサスペンドモデルだが、実際にはスローフローティングの状態で使うことが多い。ポーズのあいだもごくゆっくり動いている（＝浮かんでいく）ほうが見切られにくいのでは、と感じているからだ。水中での浮きぐあいはそのときの水温によって変わるので、フックやスプリットリングのサイズで調節。小さいものに変えると浮きやすくなる。

サスペンドと表示されているルアーも、水温によって微妙に浮いたり沈んだりする。フック交換などで微調整して「ジワーッ……」と浮くように設定

ガツガツ当てるハードボトムマスター
クランクベイト

おもな特徴	強い波動。リップがあるためレンジコントロールしやすい。モデルによっては速巻きも可能。
Season	春○　夏○　秋○　冬△
Tackle	ベイトタックル（フロロ12ポンドライン）

ワイルドハンチ／ディープタイニーN

クランクベイトが"嫌い"なワケ

　僕はルアーフェチではない。できるだけ多くバスが釣りたい、トーナメントで勝ちたいという思いがまずあって、そのために必要な道具であればどんなルアーも使う。「このルアーで釣ったらカッコいい」みたいなモチベーションは皆無だ。

　それでもあえてルアーの好みを挙げるとしたら……"嫌いなルアー"の筆頭は、クランクベイトだったりする（笑）。

　理由は単純だ。クランクを愛用するアングラーならよくご存知のとおり、このルアーは少しばかり引っかかりやすい。カバーに強いクランクもたしかにあるのだが、抜群の回避性能を誇るスピナーベイトと投げ比べればその差は歴然。オカッパリでクランクを投げ続けると、たいてい悲しい結果が待っている。

　そんなわけで、僕がクランクベイトを使うシチュエーションはかなり狭い。浅い

リップラップなどで速巻きするか、あるいはディープクランクで中層〜ボトムの変化を釣るか（後者は120ページで）。このふたつで事足りる。

障害物に投げ込む「カバークランキング」というメソッドもあるが、僕にとっては不要なスタイル。たしかにそれでしか食わない魚もいるだろう、でも根掛かりで逃してしまうチャンスのほうがはるかに多いと思う。

僕が好きなクランクベイトは「引っかかりにくいタイプ」。ボトムに当てながら速巻きしやすいのがこの2アイテムだった。ちなみに「カバー回避能力」とは関係ない。カバーにはそもそも投げない

この本のコンセプトである"適材適所"の観点からいえば「引っかかる場所には引っかからないルアーを投げる」べきなのだ。

速巻き＋ボトムノックのクランキング

クランクベイトを使う具体的な例を挙げていこう。

シャローでのクランキングは、引っかかりにくいタイプをハードボトムで速巻きしてリアクションで食わせる、といった使い方が9割だ。リップラップや消波ブロック帯でやることが多い。

使うフィールドは水がステイン〜マッディーなほうがいい。クリアウォーターだと、どれだけ速巻きしても視覚的に見切られやすいからだ。遠くを走る新幹線より、目の前に飛び出してきた自転車にビックリするのと同じこと。

スピーディーな釣りだが、サーチベイトとして使うわけではない。ライトリグでスローに釣ったあと「まだ残っているはず！」と思ったらクランクを速巻きして絞りだす、という感じ。ローテーションの一手として、変化球を混ぜていく使い方だ。

同じことをシャッドでやることもあるが、浮力の強いクランクベイトのほうがスタックしづらい。なかでも回避性能の高いものを選ぶ。僕が多用しているのはワイルドハンチとディープタイニーN。どちらもリップはボディーサイズに比して長めだが、潜行深度が1m前後のシャロークランクである。

いかにもクランク場という感じの石積み。延々と投げて巻くのではなく、両端や曲がり角などねらいを絞って投入する

クランクベイトの「適所」

「ボトムを叩き続けながら泳ぐ」ことが最大の持ち味。ほかの巻きモノ（スピナーベイト、バイブレーション、チャターなど）は速巻きすると浮上しやすく、シャッドやミノーは根掛かりが増えてしまう。
この長所を活かして、高速リトリーブでボトムにガキガキ当てて巻くのが僕のクランクベイトの使い方。スローに引くのはほかのルアーでもできることだ。

　この2種類はシルエットの違いで使い分ける。ディープタイニーNはボディーが小粒で、なおかつスピード感を出しやすいのでクリアレイクでも出番が多め。たとえば河口湖の6月ごろ、ウイードのインサイドに広がる砂地（この時期はウグイやハスの産卵場所になる）でディープタイニーNの速巻きがハマることがある。

　ここで紹介したシチュエーションはほかのハードルアー、たとえばスピナーベイトでも攻めることはできる。クランクベイトとの最大の違いは「スピード」である。スピナーベイトは速巻きすればするほど浮き上がるので、ボトムに当てるにはスローに巻くしかない。

　そのルアーにしかできない方法を考えること、これもひとつの"適材適所"だ。

フラットサイドクランク

　ボディーの両サイドが平らな形状のクランクベイトを「フラットサイド」と呼ぶ。丸いボディーのクランクに比べると、比較的タイトでハイピッチなロールアクション寄りのモデルが多い（ウォブルの強いものもある）。

　僕がフラットサイドを使うのは「シャローフラットにバスがいて、しかしカバーにも付かず、フラフラ泳ぎまわって居場所が特定できない」ようなとき。要するにたくさん投げて中層をガーッと巻いて、出会い頭に拾っていくジャンクな釣りである。

　巻くレンジは水深1m以内がほとんど。スピナーベイトやミノーのレンジともカブるが、速巻きのスピード感でリアクションさせられるのがフラットサイドの持ち味だ。ただし似たような釣りがバイブレーションでも可能なので、かならずボックスに入っている一軍ルアーではない。

ジグ+ブレードの進化系ファストムービング
チャター・ブレーデッドジグ系

おもな特徴	ヘッドと接続されたブレードが振動を発する。トレーラーの使用が前提。
Season	春○　夏○　秋○　冬△
Tackle	ベイトタックル（フロロ12ポンドライン）

ブレードジグ／フラチャット＋DDDシャッド

スピナーベイトより速い中層サーチ

　比較的歴史の浅いタイプのルアーだ。元祖が"CHATTER BAIT"という名称だったので、一般的にはこのジャンル自体を「チャター」と呼ぶことが多い。

　ラバージグのヘッドに多角形の金属ブレードを取り付けた構造で、巻くと水を受けて「カタカタカタ」と動く。このようすから「CHAT（＝チャット、ぺちゃくちゃおしゃべりする）」というネーミングがついたのだろう。

　使い方はバイブレーションと似ていて「レンジを合わせてバスの近くを通す」タイプのルアー。ミノーのように異なる水深からバスを引っぱる力はなく、ウエイトやリトリーブスピードを調節して泳がせるレンジを適宜コントロールすることが大事だ。

　この点では、バイブレーションより使える幅が広いのもチャターの利点。たと

ブレードジグ(左)はナチュラル系、フラチャット(右)は音もアクションも派手なアピール系

DDDシャッドのヘッドを少しカットしてセット。トレーラーとして使うワームはブレードの動きに追随してくれる抵抗の少ないものが向く。カラーはスカートの色に合わせる

えば3/8オンスモデルひとつだけでも、速巻きすれば水面直下を引けるし、スローリトリーブで水深2mレンジを泳がせてもアクションが殺されにくい。

　一方のバイブレーションはあまりスローに巻くと動かない。チャターより個々のルアーの対応レンジが狭いのだ(これは逆に一定レンジを通しやすいという長所でもある)。

　もうひとつのメリットは、カバーにも多少ならコンタクトさせられること。スピナーベイトほどの回避能力は持ち合わせていないが、リップラップの上やウィードの面を舐めるように通したり、杭に絡めて巻くといったシチュエーションではバイブレーションより扱いやすい。

　同じレンジをスピナーベイトで通すこともできるが、速巻きではチャターのほうが浮き上がりにくく、レンジキープしやすい。スピードでリアクションさせたいとき、スローだと見切られる場合に便利だ。

　波動はチャターのほうがやや強めだが(使うモデルやトレーラーにもよる)、クリアウォーターで使うとフラッシングの強いスピナーベイトのほうが目立つかもしれない。

　そんなわけで、たとえばハイシーズンにオカッパリをするときなども出番の多いアイテム。ちょっとした沈みモノや障害物をかわしつつ、強い波動で中層をスピーディーに探っていく。クランクベイトと違い「モノに当てなくても食わせやすいルアー」でもある。

　僕がおもに使うのは2種類。ブレードジグはややタイトでナチュラルなアクションが特徴だ。フラチャットはヘッドの金属パーツによる音のアピール力が強い。同じトレーラーで同じウエイトだったら前者のほうがやや深いレンジをトレースしやすい。

　使うウエイトは1/4オンスが水深1m前後、3/8オンスが1.5m、1/2オンスで2m前後。もちろん巻くスピードによって調節も可能だ。

　比較的フラットな地形で使うことが多いけれど、バスが水深2m前後までのレンジに浮いていればドン深の岩盤沿いなどでも投げる価値はあるだろう。

速巻きが得意な中層専用機
バイブレーション

おもな特徴	波動がタイトで速巻きしやすい。
Season	春○　夏○　秋○　冬○
Tackle	ベイトタックル（フロロ12ポンドライン）

T.D.バイブレーション／TN60／ブザービーター

障害物の少ないフラットを釣る

　バイブレーションはリップのないシンキングルアー。アメリカでは「リップレスクランクベイト」と呼ばれている。巻くと細かく振動することから、日本ではこのネーミングが一般的になったらしい。

　基本的なテクニックは中層をただ巻きするだけ。ボトムや障害物にはほとんど当てず、浮いているバスをスピードのリアクションで拾っていく感じで使う。

　そもそも根掛かりやすいルアーなので、障害物が多いならスピナーベイト、ボトムに当てるならクランクベイトのほうが適任だ。よって「浅くて広くてカバーが少なく、ねらいどころが絞りにくいシチュエーション」がバイブレーションの出しどころである。

　ただし僕はサーチベイトとして使うことは少ない。フィネス中心に探っていくな

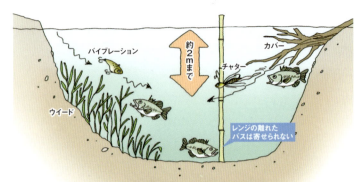

チャターとバイブレーションの「適所」

どちらも表層〜水深2m前後までが主戦場。チャターはある程度のカバーに絡めて使える。スピナーベイトより速巻きしやすい。
バイブレーションはオープンウォーターもしくはウイードエリアでの出番が多い。

どちらも離れた場所のバスは寄せづらいが、レンジがピッタリ合えば特定のモデルやウエイトばかり爆釣することも。特にバイブレーションはその傾向が強く、何種類か用意しておきたい。

かで、たとえば「バスが浅い護岸の周囲に浮いてる、でもワームで釣るには的が広すぎる」とわかったらバイブレーションを投入していく。

音の激しいモデルも多く、アピールの強いルアーだと思われがちだが、アクション自体はタイトで波動も強くはない。クリアウォーターだったら、ミノーをジャークしたほうがバスを呼ぶ力は強いだろう。

したがって「広範囲を探る」といっても、結局はバスの近くを通してやらないとバイトさせにくい（ミノーやシャッドのただ巻きと同じだ）。ワンキャストごとのテンポは速い反面、狭い範囲に何度もキャストして刻んでいくことが多い。

ルアーの違いでレンジを刻む

バイブレーションは個々のモデルごとに通しやすいレンジが異なる。

速く巻けば浅いレンジを、ゆっくり巻けばより深い場所を通せるのだが、そもそもスピードを活かして釣っていくルアーなので、ゆっくり巻くのであればバイブレーションを使う意味が薄い。

そこでリトリーブスピードはあまり変えず、バスの泳層に近づけるために何種類かを使い分けていく。ルアーセレクトによる「レンジ合わせ」がバイブレーションのキモだ。

水深1.5m前後まではTNシリーズまたはT.D.バイブレーションの各サイズ。ボトムにタッチしすぎてゴミを拾いやすかったり、根掛かりが多ければより軽いモ

デルに変えてレンジを上げてやる。

　逆に深い2mレンジを通す場合はブザービーター。わずか数十cm程度の差でもバスの反応が変わってくるので、こまめにローテーションすることをオススメしたい。

　なお、ここで挙げたバイブレーションにはラトル音の異なるモデル（ジャラジャラorゴトゴトorサイレント）がラインナップされているが、そこまで考えに入れるとややこしくなりすぎるので、まずはレンジの違いに集中しよう。

障害物が少なくねらいどころを絞りづらい野池なども
バイブレーションの「適所」。冬の定番ルアーでもある

シミーフォールで釣る方法

　ただ巻きとは別に、バイブレーションをリフト&フォールで使うことがある。メタルバイブ（96ページ）と似たメソッドだが、それよりもフォールがスローでリアクション要素の弱い釣りだ。このアクションを「シミーフォール」と呼び、フォール中にフラフラとボディーを揺らすタイプを使う。

　使うシチュエーションは、たとえば生え方がまばらで高低差のあるウイードエリア。ウイードトップのレンジでミノーをジャークしてもいいが、内側にいるバスを反応させづらいし、引っかかって使いづらい。

　そんなときにシミーフォールが効く。ウイードのすき間にフラフラと落とし込み、また持ち上げて落として、といった使い方。ウイードに引っかかっても、バイブレーションはロッドをシャクって外しやすい。

潜って叩け。リアクション誘発装置
ディープクランク

おもな特徴	タイプごとに異なる潜行深度のレンジを攻められる。深いレンジでリアクションさせる。
Season	春○　夏◎　秋◎　冬△
Tackle	ベイトタックル（フロロ12ポンドライン）

T.D.ハイパークランクTi／ブリッツMAX DR／マッドペッパーマグナム

雑にならないための絞り込み

「クランクベイト」の項目とこのページを別にしたのは、ルアーのジャンルが同じでも用途が異なるから。ここで紹介するのは水深3mより深いレンジをターゲットにしたクランクたちだ。

　ディープクランクの出番が増えるのは夏と秋。理由は単純で、バスのいるレンジが深くなるせいだ。冬もディープに魚はいるが、スピードの出るディープクランクでは食わせづらい。

　遠投して巻いて、ディープでのサーチベイトとして使う人も多いだろう。しかしそれでは釣りが雑になってしまうだけだし、たとえ釣れてもマグレ当たりにすぎない。レンジが深いからこそ、しっかりとねらいを持って投げるべきアイテムだ。

　おもな使い方はふたつある。ディープでなにかモノに当てて食わせるケース。

もうひとつは深いレンジの中層を泳がせてリアクションさせる場合だ。

前者は、たとえば水深3〜4mにハンプがあってそこに岩やウイードが絡んでいる場所。河口湖の産屋ヶ崎にある水中島などは典型的なシチュエーションだ。リザーバーなどの岩盤沿いに投げて、岩の張り出しに当てていったりもする。

河口湖・産屋ヶ崎のハンプ周辺。ディープクランクは「とりあえず」使うルアーではなく、魚探で水中の地形を把握したうえで投入するのが僕のやり方。だから初見のフィールドではあまり出番がない

要するにディープのピンスポットを直撃してその近くにいるバスを釣っていくやり方なので、地形変化をある程度把握してからの展開になる。

これとは別に、単にデカめのルアーを通したことで「バンッ!」と反応してくるケースもある。いわばビッグベイト的な使い方だ。ディープフラットにいる小魚の群れが魚探に映り、バスもフィーディングしてそうなのにライトリグでは食わない。ところが波動もボディーも大きいディープクランクを入れると一発で食ったりする。ルアーが小魚を散らすことでバスの捕食のスイッチが入る、という要素もあるのだろう。

いずれにせよ、ほかの釣りで反応がないときにスパイス的に投入するのが僕のディープクランクの使い方だ。釣れるときは何投もせずに食ってくるので、1箇所で粘るような釣りではない。

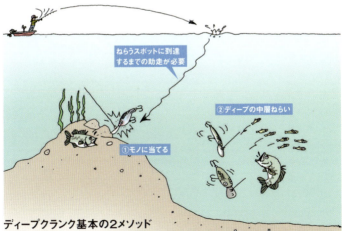

ディープクランク基本の2メソッド

広く探るだけではどんどん雑になって釣れないのがディープクランク。ハッキリとしたねらいを持って使おう。ひとつめは「モノに当てる」方法。図のような岩やハンプだけでなく、ウイードエッジや水中岬の張り出し、ブレイクでもOK。コンタクト時にバイトが集中する。

「ディープの中層ねらい」は魚探で小魚やバスの存在を確認してから投入。秋の水温下降時、ライトリグで食わないときによく試す方法だ。K−ⅣミノーやT.D.ハイパークランクTi、10XDで。

タイプ別のセレクト

「モノに当てて使う」シチュエーションでは障害物に強いタイプが向いている。水深3〜4mではマッドペッパーマグナムが使いやすい。やや浅いところではブリッツMAX DRも使う。

シャローでのクランクベイト（112ページ）と同じようにボトムや岩にガリガリ当てながら巻くのが基本。最大の潜行深度に達するまで助走が必要なので、ねらうスポットより10m前後向こう側にキャストしてやる必要がある。

なお、キャスティングで水深5〜6mに達するディープクランクもあるが、そこまで深くなると"モノ"に当てるのも難しいうえ時間もかかるので僕はあまり使っていない。

「ディープの中層」で使うルアーはT.D.ハイパークランクTi、ハンクルK-Ⅳミノー、そして10XDなど。

T.D.ハイパークランクTiは金属製のリップが付いていて、ここに鉛のシートを貼ってシンキングにチューンして使う。したがってカウントダウンすれば水深10mでも探ることは可能だ。

ねらうレンジは魚探の反応しだい。バスもしくはベイトフィッシュの映るレンジまで到達させて、あとは巻くだけでOK。

K-Ⅳミノーは形状としてはロングビルミノーだが、用途はディープクランクに近い。クランクを巻くだけでは食わないとき、ポーズを交えながら使う。具体的にはリーリングで3mくらい泳がせて一瞬ポーズ、そしてまた巻く、という繰り返し。

潜行深度はキャスティングで使うと水深3mくらい。実際にはドラッギングでさらに潜らせることが多い。キャスト後にエレキでゆっくり移動しながら引くと、ラインを出さなくても水深6m前後まで送り込むことができる。

ドラッギング主体で使うK-Ⅳミノー（左）。リーリング＆ポーズで探っていく。10XD（右）はビッグサイズのディープクランク。どちらも中層で使うことが多い

T.D.ハイパークランクTiは金属製リップの裏側に鉛シートを貼り、シンキングにチューンして使う。これでも動きが阻害されないのがこのクランクを使うポイント

音で寄せ、ナチュラルに食わせる
ヘビキャロ

おもな特徴	リーダーを介してワームがノーシンカー状態に。シンカーとボトムとの接触音でアピール。
Season	春◎ 夏◎ 秋◎ 冬△
Tackle	ベイトタックル（フロロ12ポンドライン）

4インチシュリンプ

ヘビーシンカーの集魚効果

　シンカーの下にスイベルとリーダーを挟んで、その先にワームをセットするのがキャロライナリグ。なかでも重めのシンカー（1/2オンス前後〜）を使うものをヘビー・キャロライナリグ＝「ヘビキャロ」と呼び習わしている。

　このリグは使い手によってさまざまな捉え方が可能だ。

　たとえば、ノーシンカーリグを深いレンジに送り込めるもの、という見方。浮きやすいワームをセットすれば、ディープでもボトムから少し離れた魚を食わせやすかったりする。

　シャクるようなロッドワークでワームを「ピュン!」と動かしてリアクションをねらうこともできるし、あるいは遠投性を活かして、オカッパリから沖のスポットを撃つというシチュエーションもあるだろう。

僕の場合は「重いシンカーがボトムと接することで生じるアピール力」を重視している。

たとえば沖合の浚渫エリア。浚渫というのは湖底を掘削したりヘドロを除去した跡で、硬いボトムが露出していることが多い。そこへヘビキャロでアプローチし、ガリガリと音を立てながら引くことでバスの興味を惹き、近寄ってきたところをフワフワ漂うワームで食わせるという仕組みだ。

ジャンルは違うが、クランクベイトをボトムにガリガリ当てる釣りにも意図が似ている。夏から秋にかけてはこういった浚渫エリアに魚が入りやすく、ヘビキャロの出番が増える。

一方、春はシャローでサンドバーを探るときにヘビキャロを使うことも。この場合、水深が浅くても軽いシンカーに変えるわけではなく、重いほうがボトムで砂煙を立てて目立たせることができる。シンカーが重いからといってディープ専用のリグではないのだ。

ヘビキャロの構造と「適所」

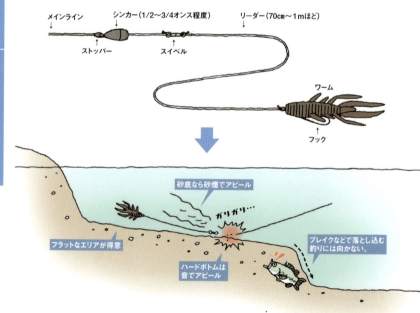

使うワームとアプローチ

　シンカーの重さは1/2、5/8、3/4オンスが中心。ねらう水深や引くスピード、引っかかりやすさによって調節する。ボトムから離さず、なおかつある程度スピーディーに使いたいリグなので、深くなればなるほど重いシンカーに変えていく。

　ロッドワークはボトムを感じながらズルズルと1mほど引いてストップ、ラインを巻き取ってまたズルズル、の繰り返し。ロッドをさばく方向は縦でも横でも構わないが、ボトムの凹凸が多い場所では縦方向のストロークで探るほうが引っかかりにくい。

　浚渫を探るときは、ボートポジションをブレイクの深い側にとって浅いほうに投げ、上のフラットを釣ることが多い（イラスト参照）。浅いほうから深い側へアプローチすると、岩肌にラインが接して傷みやすい。ロングキャストすることはほとんどなく、サイドキャストでチョイ投げして細かく刻んでいく。

　なお、ブレイクに沿って落ちるあたりでバイトが多いときは、よりタイトに探れるフットボールジグにローテーションする。

　ワームは水流で動くパーツが少なく、ノーシンカー状態でも姿勢の安定するものを選ぶ。4インチシュリンプやモコリークロー、4インチヤマセンコーなど。リーダーはメインのラインと同じ太さで、70cm～1mくらいに設定する。

　なお軽いシンカーを使う「ライトキャロ」というスタイルもあるが、シンカーによる「音」の効果が薄いので僕はほとんど使っていない。

霞ヶ浦にある浚渫の例。ヘビキャロでおもに探るのは画面右にある浅いほうのフラットだ。掘られて深くなった左側は、壁に沿って落としやすいフットボールジグなどのほうが探りやすい

唯一無二の水面撹拌マシーン
バズベイト

おもな特徴	水面を泡立てるようにかき混ぜながら独特のサウンドを発する。カバーにもやや強い。
Season	春◎　夏◎　秋◎　冬△
Tackle	ベイトタックル（フロロ12ポンドライン）

02ビート／ジャンボバズ

ノイズ&スピードで浅いフラットを探る

　スピナーベイトと似た構造を持ちながら、水面で音を立てることに特化したのがバズベイトだ。もっとも出番が多いのは水深1m前後のシャローフラットで、真冬を除けば3シーズンに渡って使える。カバーにも引っかかりにくく、水面直下まで伸びたウイードやパラアシなど、ベジテーション系に強いのも特徴だ。

　スピナーベイトとの第一の違いは、ゆっくり引けないこと。水面を「うるさく&速く」巻いてくるのがバズベイトの基本の使い方であり、広いレンジをカバーできるルアーではないのだ。

　その反面、タフな状況でバズにしか出ないというケースもある。たとえばうだるように暑い夏の真っ昼間、巻きモノなどまったく効きそうにない場面でバズベイトのサウンドには反応してくれたり。水面を通すものなので、クリアウォーターで

水面で音を立てるのはビッグバドなどにも共通する部分だが、バズベイトのほうがもう少しナチュラルな存在感がある

見切られにくいのもメリットのひとつである。

バスが水面を意識しているときに効果を発揮しやすく、かならずしもエサを追っていなくてもいい。ベタ凪〜さざなみ程度のコンディションがベストで、強風下ではあまり使わない。水面がザワザワしすぎるとバスに発見してもらいにくいのだ。

ペラの回転方向によって左右どちらかにカーブしながら泳ぐものが多いが、ねらったコースをトレースしたいので、僕はなるべくまっすぐ泳ぐタイプを選んでいる。

ウイードエリアやパラアシ、リップラップ帯といった広い範囲をサーチするときは02ビート。ペラに加えて金属性のクラッカーが付いており、ド派手な音でアピールすることができる。また、桟橋の横やレイダウンの際などねらう範囲が狭いときはジャンボバズを使う。

キャストしたら最初はロッドを水平〜やや立て気味にして巻き、バズベイトが足元に近づくにつれてティップを下げていく。一定スピードで巻き続けられるようにコントロールしよう。巻く速度は人によってさまざまだが、自分なりに「いい音が出てるな」と感じられるスピードを保ってやればいい。

ほかのルアーでは攻めにくいベジテーション系の
カバーに絡めて使えるのがバズベイトのメリットだ

ペンシルベイト

水面を逃げ惑うベイトフィッシュのように

おもな特徴	ロッドワークによって左右に首を振る(ドッグウォーク)。スピーディーに表層をチェックできる。
Season	春○ 夏◎ 秋○ 冬△
Tackle	ベイトタックル(ナイロン10〜12ポンドライン)

テクノジャーク/ザラスプーク/ジャイアント・ドッグ-X

泳ぎの質とサウンドによる使い分け

　バス用プラグのなかではもっともシンプルなアイテム。水面に浮き、その角度やボディー形状によってアクションの質が変わってくる。強く水を押すタイプやスプラッシュを上げるタイプ、1箇所でちょこまか動くテーブルターンが得意なモデルなどがある。

　僕が多用するのは「スーッ、スーッ」と適度に水を受け流しながらドッグウォークする、いちばんペンシルベイトらしい特徴を持つタイプだ。弱った小魚が水面を逃げ惑うようなイメージで使うことが多い。

　バスがオイカワやハスを捕食しているときに、マッチ・ザ・ベイトとして選ぶのがジャイアント・ドッグ-X。こういった小魚のサイズ感に近いリアルなフォルムと、誰にでも動かしやすい素直なアクションが持ち味だ。

特に出番が多いのは、バスが水面で小魚を追っていてボイルが頻発するようなシチュエーション。夏を中心としたハイシーズンによく使う。

朝イチからペンシルベイトのタックルを用意することは少ないが、たとえばバズベイトやスピナーベイト用のロッドを用意していて、ボイルが目につくようならペンシルに結び変える、といった展開が考えられる。

秋に見られる落ちアユ。10cmクラスの小魚を追ってボイルしているときはシルエットの似たジャイアント・ドッグ-Xでアプローチ

一方で、ボイルはないけれどバスが表層を意識しているときに使うのがザラスプーク。ジャイアント・ドッグ-Xよりもひとまわり大きく、存在感の強さでリアクションさせるようなイメージ。ビッグバドなどのノイジー系にも少し似ている。バスが沖のど真ん中をフラフラしていたり、ブイや係留船、オイルフェンスなどの「浮きモノ」まわりでボーッとしているようなときにアプローチしてみよう。

変わり種としてときどき投入するのがテクノジャークだ。金属製のボディーにラトルが入っていて、ドッグウォークさせるとスプラッシュを上げることもできる。

オープンウォーターで使ってもいいが、首を振らせながら護岸や桟橋など硬いストラクチャーにぶつけるのが面白い。「スーッ……カチッ！　スーッ……カキンッ！」と、ボディー自体の接触音がバスをリアクションさせる要素になる。ペンシルベイトとしては珍しい、ド派手なサウンドが持ち味だ。

ここに挙げた3種類は、いずれも水の透明度に関係なく使えるアピール力を備えている。バスが浮いていようがボトムにいようが「水面を意識しているとき」がチャンスだと覚えておこう。

ペンシルベイトの基本「ドッグウォーク」

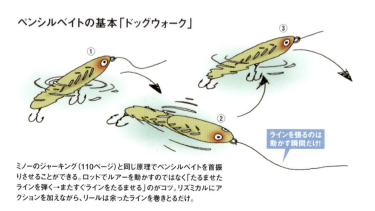

ミノーのジャーキング（110ページ）と同じ原理でペンシルベイトを首振りさせることができる。ロッドでルアーを動かすのではなく「たるませたラインを弾く→またすぐラインをたるませる」のがコツ。リズミカルにアクションを加えながら、リールは余ったラインを巻きとるだけ。

音とスプラッシュでイライラ?
ポッパー

おもな特徴	カップで水を受けて音とスプラッシュを発する。移動距離を押さえて動かしやすい。
Season	春○　夏◎　秋○　冬△
Tackle	スピニング（PEライン0.6号）、ベイトタックル（ナイロン10〜12ポンドライン）

ボイルコール／ヤバイチュッパミニ

2通りのポッパー使い

　ペンシルベイトと使い方の似たトップウォータールアーのひとつ。ラインアイの部分がカップ状に凹ませてあり、動かすと水を受けて音やしぶきを発生するのが特徴である。ポーズを交えて使うときはペンシルベイトよりフックアップ率が高い。反面、釣りのテンポが遅くなるのが玉にキズだ。

　僕が使っているのはおもに2種類で、それぞれ用途がハッキリと分かれている。

　ヤバイチュッパミニは全長約5cmのコンパクトなポッパー。小粒ながらトウィッチするとしっかり首を振って、スプラッシュでアピールするタイプ。ハイシーズン中、沖合でバスのボイルが起こっていて、なおかつ追っている小魚が小さいときにセレクトする。前の項目で紹介したジャイアント・ドッグ-Xのダウンサイズ版と考えてほしい。マッチ・ザ・ベイトで食わせ寄りの使い方だ。

ボイルを見つけたらすぐにキャストして、スピーディーにトゥイッチしながら水面を走らせる。ポーズを入れる必要はないだろう。

スピニングタックルに0.6号程度のPEラインを巻いて使うと飛距離が出て、不意に起こったボイルにも対応しやすい。リーダーは使わず、ラインの先端にパロマーノットで直結している。

ベイトタックルで多用するのはボイルコール。これはエサを追い回しているときではなく、カバーなどについてポカンと浮いているやる気のない魚に使うことが多い。バスが水面下2mまでのレンジにいるときがベストだ。「ガポッ、ガポッ」と2回ポップ音を出してポーズ、が基本の使い方。比較的強めのアクションで誘ってやると食い気のないバスもイライラするようで、怒ったように激しくバイトしてくる。ポーズは長くても1秒程度。

ちなみに「アフタースポーンはポッパー」という定説のとおり、5〜6月は出番が増える。オスのテリトリー意識が強まるので、移動距離を押さえてジワジワ動かせるポッパーが有効なのだ。

やや立ち気味に浮くボイルコール。細身のボディーの印象よりも激しいポップ音が持ち味だ

ポッパー基本の2メソッド

①縦ストなどに浮いて食い気のないバス。移動距離を抑えて操作できるポッパーで、じらすように誘う。

②オープンウォーターの表層で小魚を追っていて、なおかつエサが小さいときはヤバイチュッバミニを速めの連続トゥイッチで使う。

ぶっとび破天荒系サーフェイスベイト
ビッグバドほか

おもな特徴	水面で強烈な波動&音を発する。
Season	春○　夏○　秋○　冬△
Tackle	ベイトタックル（フロロ12ポンドライン）

ハイフィンクリーパー／ビッグバド（クアーズ）

けっして「疑似餌」ではない何か

　バスがルアーを食うとき、そこにはいくつかの理由がある。ひとつはエサと見紛うサイズや動きで食性に訴えかける場合。ノーシンカーの「ぴくぴくメソッド」や虫ルアーなどが代表的だ。

　スピードや音、サイズの大きさを利用して反射的にバイトさせることもできる。ハードルアーの多くやフットボールジグはこのタイプだ。ヘビダンのようにライトリグをリアクション的に使うケースもある。

　またスピナーベイトやスモラバは上のような要素も備えつつ、得体の知れない存在感でバスを惹きつける。言葉では表現しづらいが「ルアーの力」としか言いようがないパワーを持っているアイテムだと思う。

　ここで紹介するビッグバドなども、これと似たようなタイプだ。「水面でゆっくり

ボディーを左右へ振る強烈なウォブル、そしてブレードが接触する「カコン、カコン……」というサウンドはビッグバドならでは。速く巻けば少し潜るが水面で使うのが基本

ノイジーに動くのでバスが苛立って威嚇バイトする」などと解説されることもあるが、正直なところ、なぜこのルアーに食ってきたのかわからないケースが多かったりもする。

　ひとつ言えるのは、ほかのルアーで釣れないときこそ、こういったルアーの出しどころだということ。投げるシチュエーションはさまざまで、シャローでも深いスポットでもOK。ドン深の岩盤沿いなどでも、水面下2〜3mあたりまでにバスが浮いていれば反応する可能性はある。

　水面を引いて使うのであまりにも波立っていると反応させづらいが、それでもほかのトップウォータールアーよりはアピールが強く、バスに気づかせやすい。水の透明度も気にしなくていいだろう。バスが水面を意識するタイミング、すなわちスポーニング以降〜夏に使うことが多い。

　リトリーブスピードはややゆっくりめ。水をいちばん強くかき回す速度をキープして泳がせる。途中でポーズを入れる必要はない。

ハイフィンクリーパーは金属パーツに水を受けてヨタヨタとロールする。デカいフックには違和感をなくすため自分でフェザーを巻いた

リアルフォルムの弱波動系
スイムベイト

おもな特徴	ボディーの存在感と弱波動のアンビバレンツ。クリアウォーターに強い。
Season	春◎　夏○　秋○　冬◎
Tackle	ベイトタックル（フロロ16〜20ポンドライン）

ハートテイル／ヴェイロン／ウオデス乙型小／ハドルトラウト8インチ

テール波動の「弱いビッグベイト」

　スイムベイトにはいくつかの種類がある。ひとつは小魚の形状をリアルに模したソフトボディーにフック（モデルによってはシンカーも）を内蔵したもの。

　もうひとつはシャッドテール系ワームをノーシンカーやテキサスリグで使うケースで、これも大きく捉えればスイムベイトの一種である。

　前者のなかでも、ハドルトラウトとヴェイロンはテールだけがプルプルと弱く動くタイプ。ルアー全体のボリュームは大きいが、生じる波動は極めて小さく、クリアウォーターで効果的なアイテム。

　ウエイトを調節すればサスペンド〜スローシンキング状態にもできるので、S字系のビッグベイト（47ページ）と似た使い方をする。水面直下、もしくは目で見える範囲のレンジをトレースするのが基本だ。

ジョインテッドクローと同じくスローに巻けるため、離れたレンジからバスを浮かせて食わせる能力もある。ただし、チェイスがあったときにトゥイッチで左右に飛ばすといった小技は効かせづらい。

　また、ウオデスのように大ぶりのシャッドテールがついたタイプは波動が強めで、ステイン～マッディーウォーターでも出番がある。引くレンジは、やはりルアーを目視できるあたりからスタート。速引きなどはせず、テールがしっかり動く範囲でスローに巻くのが基本だ。

　ハートテイルはおもにノーシンカーで使用する。カバーまわりやウイードエリアでもストレスなく巻けるのが長所だ。

フッキング率を高めるためにトレーラーフックをセットすることも

ボディーが柔らかい素材なのでネイルシンカーを挿入して沈むスピード(=レンジ)を調整できる

フィールドに合わせてタックルを選ぶ

ほとんどのフィールドで欠かせないのはライトリグ用のスピニングタックル

本当はロッドも"適材適所"で使い分けるのが理想。でもオカッパリだとそんなことは言ってられない。あちこち歩きながら釣りをするとして、せいぜい2本くらいに絞るのが現実的だ。

僕の場合はまず「フィネス」(おもにライトリグ)が使えることが大前提。したがってスピニングタックルは外せない。具体的には6〜6フィート4インチくらいのライトパワー、ラインは4ポンドが妥当だろう。

問題はもう1本のロッドだ。

濃いカバーが多いフィールドなら、テキサスリグの使える7フィート前後のMH〜Hパワーのロッドが必要だ。夏場だったらバックスライド系をセットして、これ1本だけで探っていってもいい。

逆に障害物のない場所では、巻きモノ用のタックル(6フィート6インチ前後、ミディアムパワー)を追加する。あるいはスピニングタックル1本ですべてまかなってしまうことも可能だ。

実際にはこれらの中間的なフィールドが多いと思う。オープンウォーターもあればところどころにカバーもあって、という感じ。だからもっとも汎用性が高いのはスピニング+ベイトフィネスの2本立てだろう。

ベイトフィネスのタックルがあれば、ちょっとしたカバーはスモラバやネコリグで撃っていける。ミノーやシャッド、小型のトップウォーターやクランク、3/8ozくらいのスピナーベイトまで使えるロッドなら、さらに使い勝手がいい。

フィールドの状況に合わせて、できるだけいろんなルアーを使えるようにタックルを選ぼう。

カバーだらけのフィールドではヘビーパワーのベイトタックル1本に絞ることも

OKAPPARI
LURE

feature #03 オカッパリのタックルセレクト。

- DSTYLEのワームは1袋に数色を詰めて
- 青木虫など
- ゲーリーワーム。色移りするので同系色でまとめる
- テキサス用ワームやスモラバトレーラー
- シンカー類
- ハードルアーは季節・場所ごとに入れ替える
- フックケース

フィールドに合わせてタックルを選ぶ

　この本でさんざん語っている"適材適所"というコンセプトは、オカッパリだとなかなか実践しづらい。

　たとえば杭をノーシンカーでねらっていたとする。その横にあるブッシュを撃ちたいからといって、わずか2〜3投のためにスモラバに結び変えるのはとっても面倒。

　だったら最初からスモラバをセットしておいて、杭でもアシでも消波ブロックでも、とりあえずそれで撃っていくほうがスピーディーに探っていける。

「スモラバじゃないほうが反応がよかったりするかも?」

　それを考えるのはあとまわし。なるべくいろんなポイントに投げられるものを使って、どんどんアプローチしていくやり方がオススメだ。

　たとえばカバーのあるフィールドなら、引っかかりづらいスモラバやネコリグの出番が増えるだろう。オープンな場所があったら、これらのルアーをスイミングで使ってチェックすればいい。

　逆にカバーのまったくない皿池などでは、浅いところからディープまで探りやすいダウンショットがメインになりやすい。

　要するに、この本の「フィネス編」で取り上げたライトリグが一式あれば、どんなフィールドでもまぁなんとかなるというわけだ。

　左で紹介しているバッグの中身はシーズンを問わずオカッパリでかならず持っていくもの。これに加えて「季節の品」、つまり春だったらミノーやシャッド、夏ならフロッグや虫ルアーやトップウォーター、冬ならメタルバイブなどをプラスしていく。

シンカーは使用頻度の高いものを2〜3種類ずつ

スモラバはいろんな場所に投げられるのでオカッパリで重宝する

ルアーの話ではないが、野池は「ぐるっと1周すべてチェックできる場所」を選ぶのが僕の基本。手の出せない場所にバスがいたら釣りにならないからだ

「季節によって使うルアーを変える」
という考え方は好きじゃない。
目の前に広がる特定のシチュエーションを
効率よく攻められるものを選ぶこと、
つまり"適材適所"がすべての出発点だから
フィールドに出る前からルアーを決めつけることはしない。

もちろん、バスの居場所やエサは時期によって変わる。
こうした季節的な傾向について紹介するのがこの章の目的だ。
もっとも極端なシーズンである「冬」と「夏」がわかれば、
「春」および「秋」についても理解が深まる。
ただしこれだけは忘れないでほしい。
シーズナルパターンの知識だけで
バスが釣れると思ったら、大間違いだ。

ブラックバスの1年を知ろう

シーズナルパターンとはちょっと違う!?
季節ごとの傾向と対策。

本文で紹介した釣りとは別に「冬でもシャローでエサを食うバス」をねらう方法もある。ビッグベイトやミドストなど横の動きが得意なルアーを用いてシャローをチェックしていく。数釣りは難しいが、食えば間違いなくデカい

バスの居場所が見極めやすいシーズン 冬

NOTE

そのフィールドが最低水温に達する前後のタイミングがバス釣りにおける「冬」。おもに12月〜翌年2月ごろ。真冬に6〜7℃を保つ大河川もあれば、最低水温1℃、4〜5℃なら早春扱いという河口湖のような場所もある

　冬にバスを探すためのキーワードはふたつ。「安定」と「エサ」だ。
　「安定」とは、水温が変化しにくいことを指す。バスは変温動物なので水が冷たくなると動きが鈍ってしまうし、温度がコロコロ変わる環境を好まない。
　たとえば、南向きの浅い岩場は太陽光で温まりやすい。よく晴れた日ならグングン水温が上昇するだろう。しかし「温まりやすい場所」イコール「冷えやすい場所」。次の日にガクンと気温が下がったら、水温も前日と比べて4〜5℃近く落ちかねない。こういう場所は冬のポイントとしては不合格。
　選ぶべきなのは、冷たい風をブロックできるエリアだ。北寄りの風とはかぎらない。フィールドによって「冬に吹きやすい風の方向」が存在し、特に山間部

河口湖における冬の定番エリア

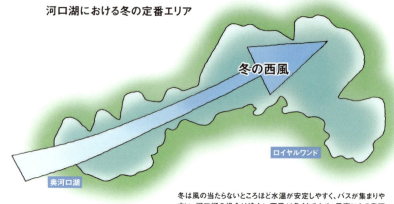

冬は風の当たらないところほど水温が安定しやすく、バスが集まりやすい。河口湖の場合は冷たい西風が多くなるため、風裏になる奥河口湖方面やロイヤルワンドなどのディープが定番エリアであった。ただし近年はシラウオが増えたため、冬でもそれを捕食する個体が多くなっており、風裏にかぎらず「エサのいるエリア」にバスが依存する傾向が強くなってきた。比較的浅めのレンジでも釣れるのはそのためだ。いずれにせよ「安定」もしくは「エサ」が冬の2大キーワードであることに違いはない。

の湖はその傾向が強い。河口湖を例に挙げると、冬は西→東に向かって風が吹き抜けやすい。だからこそ、奥河口湖方面やロイヤルワンドが冬の定番エリアになっている。

　水深はそれほど気にしなくていい。リザーバーであれば上流域よりも下流（ダムサイト寄りの場所）のディープでバスを確認しやすいが、霞ヶ浦水系なら水深1〜2m程度でも「安定」してさえいれば魚はいる。水が動きにくい水域（横利根川など）や消波ブロック帯が冬のセオリーだ。

　こういう場所を好むのはほかの魚も同じで、小魚も近くに集まってきやすい。冬になると姿を消すエビ類や昆虫などはバスの捕食対象になりづらく、魚食性が強まるので、この点から見ても「水の安定しているエリア」にバスが集中しやすいのだろう。

　エリア選択の判断に困ったら、雑誌などで紹介されている「冬の実績スポット」で粘るのがオススメ。ほかのシーズンならそんな情報は聞き流すところだが、冬に条件のいいエリアはひとつのフィールドにそうたくさんあるわけではない。有名ポイントはたとえ人が多くてもチェックする価値がある。

　そして1日にねらうのは多くても2〜3箇所。寒くてもバスはエサを食うが、ハイシーズンより捕食のタイミングが短いため、ひとつのエリアでじっくりと時間をかけることが貴重な1尾を手にする最大のキモである。

初夏の霞ヶ浦水系。アシが延々と続くストレッチをバックスライド系で探る。水門（＝水が動く要素のひとつ）の近くをねらっている点に注目

夏

シェード、流れ、溶存酸素量

NOTE

いろんな種類のエサを捕食する季節。小魚だけでなく、シャローでは甲殻類や昆虫が姿を現わす。ノーシンカーのフォールなど「縦の釣り」が効くようになるのも食性の変化によるもの

「比較的狭い範囲に魚の居場所が限定される」という点で、夏は冬と似た季節だ。

バスが集まりやすいのは「ほかより水温の低い場所」「シェード（日陰）」「流れのある場所」「溶存酸素量の多い場所」のいずれか。そこにエサが絡めばなおよし。

リザーバーなら、僕はまず最上流のバックウォーターまで上がってみる。どの地点で水温が下がるのか、透明度が変わるのはどこか、そしてバスが見えないかどうかチェック。基本的には上流のほうが涼しくてフレッシュな水が流れている。

だからといって1日中バックウォーターで釣りをするわけではない。ここが冬と違う点だ。「分布に偏りはあるけれど、ほかの場所にもたくさんバスはいる」と

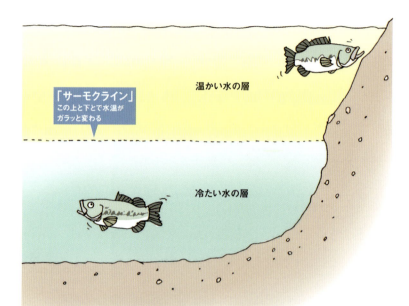

「サーモクライン」
この上と下とで水温がガラッと変わる

温かい水の層

冷たい水の層

海で泳いでいるとき、深い場所で足先だけ冷たく感じた経験はないだろうか？ これは温められた表層の水と、水温の低い下層の水がふたつに分かれて起こる現象。その境界を「サーモクライン（水温躍層）」と呼ぶ。感度を調節すれば魚探の画面上でも確認できる（河川など水の動きやすいフィールドを除く）。
サーモクラインはバスにとって「壁」のようなもの。上の層でエビやゴリを食っている魚は下には移動しづらいし、ディープ側のバスがサーモクラインを越えてシャローと行き来することは少ない。
水温だけを見ると深い層のほうが涼しいけれど、溶存酸素量が少なくて逆に水が悪い恐れも。夏のディープにいるのは基本的に小魚を追っているバスなので、地形などよりエサの有無を重視して魚探を確認する。

ブラックバスの1年を知ろう　夏

いうイメージで捉えたほうがいい。

　河口湖の場合、おもなインレットは西湖から来る放水路だが、すべてのバスがここに集結することはない。ディープエリアや湖流の当たるウイード、伏流水のある場所など、ほかにも快適なエリアがあるからだ。

　さらに細かく見ていくと、水が動きづらそうなロイヤルワンドにも実は小さな流れ込みがあり、その周辺だけ激アツスポットだったりもする。むしろそのほうがバスの付くピンスポットを絞りやすい、ともいえるのだ。

　「全体的に条件のいいエリア」を探すのか、それとも「条件の悪いエリアにあるハニースポット」を探すのか。「夏は水通しのいい岬まわり」などと言われるが、水通しの悪いワンドの奥でもなんらかのプラス要素（湧き水やインレットなど）があれば爆釣する可能性はある。

　とにかく見た目の地形だけで判断するのはやめよう。魚を釣りながら自分の目で「いいエリア」「悪いエリア」を把握していく。

春、特に産卵より前のタイミングで釣れるメスのバスは非常にコンディションがいい

スポーニングを考えない
釣りの組み立て方

春

> **NOTE**
>
> バスは水温14〜15℃で産卵行動を始めるとされる。しかしすべての個体がいっせいに産むわけではない。シンプルに「フィーディングのバス」を釣っていくのが近道

　春は出産と子育ての季節。浅い場所にオスがスポーニングベッド（産卵床。ネストとも呼ぶ）を作り、そこにメスがやってきて卵を産む。その後もオスはベッドに残り、卵が孵化して稚魚がある程度の大きさになるまで守り続ける。
　これは毎年繰り返される行動であり、スポーニングの段階に応じて釣りを変えていく、という考え方が一般的だが……それが本当に正解なのだろうか？
「プリスポーン（産卵前）のメスは食性が薄れて警戒心が強まる」という説がある。しかし、今まさに産卵しようというタイミングを除けば、プリのメスはさかんにエサを追っていると僕は思う。

春の水温上昇とバスの行動

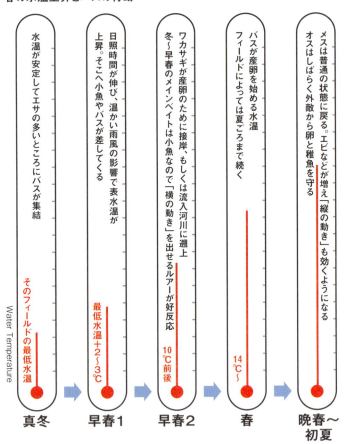

時期	水温	バスの行動
真冬	そのフィールドの最低水温	水温が安定してエサの多いところにバスが集結
早春1	最低水温+2〜3℃	日照時間が伸び、温かい雨風の影響で表水温が上昇。そこへ小魚やバスが差してくる
早春2	10℃前後	ワカサギが産卵のために接岸、もしくは流入河川に遡上 冬〜早春のメインベイトは小魚なので「横の動き」を出せるルアーが好反応
春	14℃〜	バスが産卵を始める水温 フィールドによっては夏ごろまで続く
晩春〜初夏		メスは普通の状態に戻る。エビなどが増え「縦の動き」も効くようになる オスはしばらく外敵から卵と稚魚を守る

ブラックバスの1年を知ろう 春

Water Temperature

「産卵後のバスは体力がない説」はデマだと思う。アフタースポーンと呼ばれる6月以降のタイミングは、夏っぽい場所を意識しながら展開していく

バスの稚魚(フライ)。孵化してからしばらくは群れのままオスに守られている

バスの産卵を妨げないための知識

4〜6月ごろフィールドに出ると、スポーニング中のバスを釣ってしまうことは避けられない。「シャローで産卵床をねらわなければOK」ではなく、深めの場所で釣っても実は卵を守っていたり、産卵直前の魚だった可能性が残る。

大事なのはキャッチしたあとのバスのケア。釣ったその場で迅速にリリースしてやろう。そうすればベッドの魚であっても、たいてい元の場所に戻っていく。トーナメントでなければライブウェルに入れるのもやめてほしい。風の強い日には魚の写真を撮っているうちにボートが数十m流されてしまったりする。「同じ場所で放すべき理由」を知っていれば、適切なケアができるはずだ。

「ボトムが硬いところにベッドを作る」

これも100%正しくはない。全域が泥底の野池でもバスはどこかで産卵するはずなのだ。

あるいは「アフタースポーン(産卵後)のバスは体力が回復するのを待ちながら縦ストラクチャーにサスペンドする」。たしかにそういう状態のバスは増えるが、それは単に暑くなってきたから水通しのいい場所に移動しただけ、というのが合理的な解釈ではないか。

おなかの卵がなくなってガリガリの魚が釣れるかもしれないが、そんな状態ならむしろエサが欲しくてたまらないだろう。生き物は、なにかを食わないと生きていけないのだから。

というわけで、僕はスポーニングの段階よりも「いま、バスはどこでどんなエサを追っているのか」を重視する。スポーニングエリアになる浅いワンドの近くを……といった考え方はナンセンス。ねらうべきはシャローだけではない。水温が上がるにつれ、かなり広範囲に動けるようになるので、春のバスは居場所が特定しづらい。

たとえば、前日まで浅場でオイカワを盛んに食っていた。しかし冷え込んでその群れがディープに落ちたら、バスのレンジも一緒に深くなってしまう。

釣り方やエリアを決めつけず、いろんなものをいろんな場所に投げていく"ジャンクフィッシング"のほうが、春の正解への近道だったりする。

困ったら「リアクション」、これが秋の
キーフレーズだ。一段深いレンジを、
一段重めのリグで探ってみよう

秋

状況の悪化と
リアクションの釣り

> **NOTE**
> 9月になっても陸上ではうだるように暑い日が続くが、バス釣りにおける「秋」は8月のお盆すぎから。最高水温から少しでも下降しはじめたら変化を意識しよう

「秋はバスが散る」という言い方をよくする。真夏に比べれば水温が下がって居心地のいいエリアが拡大し、バスの行動範囲が広がるからだ。

この状況は春とよく似ている。産卵行動を除けば、エサの動きに応じてあちこちで釣れるところも同じ。「冬や夏の定番エリア」はある程度はっきりするが、

ブラックバスの1年を知ろう　秋

冷え込みとバスのレンジ

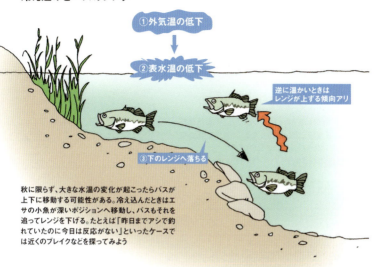

秋に限らず、大きな水温の変化が起こったらバスが上下に移動する可能性がある。冷え込んだときはエサの小魚が深いポジションへ移動し、バスもそれを追ってレンジを下げる。たとえば「昨日までアシで釣れていたのに今日は反応がない」といったケースでは近くのブレイクなどを探ってみよう

「春or秋にオススメの場所」というのは極論すれば存在しない。どんな場所でも可能性はある。

ただし、秋は時期が進むにつれ水温が低下していくシーズン。「バスの動きが鈍くなっていく時期」だと考えることができる。

9月ごろまでは夏と同じような釣りで反応が得られるけれど、その後、まずシャローでの反応が悪くなってくる。

たとえば霞ヶ浦水系の場合、浅い場所のアシなどがダメになって、一段深いレンジの沈みモノが釣れるようになっていく。夏に「シャロー」と「ディープ」にいた魚のうち、水温低下の影響を受けやすい「シャローの魚」が下がっていく、というイメージだ。

急に冷え込んで釣れなくなることも多いが、これを「食わなくなった」と考えるのは間違い。単にルアーがハマっていないことがほとんどで、困ったらリアクションを意識したアイテムに変えてみよう。「秋は巻きモノ」というセオリーは、この点において正しい。

ライトリグでも、繊細に動かす食わせ系の使い方だけでなく、シンカーを重めにしたリアクションダウンショットなどの出番が増える。

なお、秋はターンオーバー（冷えた表層の水がボトム付近の水と混ざってしまう水質悪化）が起こりやすく、釣れない原因として挙げられがちだが、僕は「むしろ釣れる」と肯定的に考える。水が濁ったほうがバスを騙しやすくなるのだ。

feature #04

青木大介の1日。
未知のフィールドでバスを探す方法

フィネスでサーチ。まずは水深3mまでをチェック。
適材適所でルアーを選択するなど、
ここまで解説してきた「バスの釣り方」の実践編だ。
舞台は過去に2回しか訪れたことがない千葉県のリザーバー。
しかもアングラーの多い日曜日に、
青木大介はどうやってバスを探すのか?

ボート店で貰ったマップを見て、ダムサイト方面からチェックすることに。「昨日の釣果とポイント」「最近のヒットルアー」などはまったく気にしなくていい

STEP 1

バスの見えるエリアを選ぶ。

 ボート店を出ると、そこはいきなり分かれ道。笹川筋またはダムサイト方面のふたつの選択肢があった。笹川上流は濁りが入っていると聞き、青木はダムサイト側へ向かう。
青木「水のクリアな場所があれば、まずそっちに行ってみる。見えバスがいれば釣れなくても手がかりになるから」
 最上流まで上がってから下るという展開もアリだが、今回はバスが見えそうなので釣りながら遡上することに。
 まずは片倉橋の南岸からサイトフィッシング開始。ひとつのエリアで両岸ともに見ていくと時間がかかりすぎる。北岸は帰りにチェックすればいいという考え方だ。
 水位はマイナス70cm。最初に手に取ったのは、スモラバを結んだスピニングタックルである。

千葉県・片倉ダム（笹川湖）

千葉県君津市のリザーバー。亀山湖のインレットのひとつ笹川の上流に位置する。2000年に建設された新しいダムであり、水中に立ち木が林立する独特なロケーションに魅了されるアングラーも多い。

◎レンタルボート笹川
千葉県君津市笹1743-28
☎0439-39-3655

基本情報
日時●5/10(日)朝7時スタート
水温●およそ23℃
水質●ステイン、上流は濁り気味

青木「ざっと見た感じ岸際のカバーは露出して少ないけど、立ち木が多いフィールドだし、まずは引っかかりにくいルアーで」

　実際にボートを流していくと水中に枝が落ちている箇所が目立ち、オープンウォーターに見えてもボトムで根掛かりすることが多かった。同じくスナッグレス性の高いネコリグでもいいのだが、時期的にはフォール中のバイトも多いはずなのでスモラバを選択。D-JIG1.4gにトレーラーはD1をセットしてある。水深2mあたりまでのレンジで多用するウエイトだ。

青木「お、いきなりいたよ」

　ダムサイトに近いオーバーハング下で最初のバスを確認、しかも45cm近くある！　バンク際ではなく、偏光グラスでギリギリ確認できる水深1〜1.5mあたりのポジションをウロウロしているようすだ。

　スモラバでアプローチするも、1投目に少し反応しただけでバイトに至らない。トルキーストレート4.8インチに変え、0.9gのネコリグで速めのフォールに反応しないか試してみる……が、コレも不発。

青木「最初の1尾でこんなに粘らなくてもいいんだけど、けっこうデカいから見逃すのは惜しい（笑）。もうちょっとルアーローテーションしてみる」

　次の手はダウンショット。フーラ3インチにシンカーは1.8g、フックは根掛かりしづらいオフセットタイプだ（横刺し）。投入すると、それまで無反応だったバスの動き

朝イチにリグったのはスモラバ。「障害物が多め」「レンジが浅そう」というフィールド条件を踏まえたセレクト

レンタルボートでのタックル選別

10〜14フィートクラスのレンタルボートの場合、タックルは4セットあればおおむねカバーできるだろう。あとはフィールドの状況しだい。冬〜早春ならミドスト専用タックルが必要だし、夏のカバーレイクではフロッグ用にPE仕様のベイトタックルを混ぜたりする。

●スピニング+3〜4ポンドライン
0.9〜1.8gのスモラバ、ジグヘッドワッキー、ダウンショット、ネコリグ、ノーシンカーなど。ファストテーパーのULクラス

●ベイトフィネス+10〜12ポンドライン
2.3〜3.5gのスモラバ、スナッグレスネコリグ、7gまでのヘビダン、軽めのポッパー、ミノー、シャッドなど。ファストテーパーのL〜MLクラス

●ベイトタックル+12ポンドライン
3/8〜1/2オンスのスピナーベイト、チャター系、クランクベイトほか巻きモノ全般、フットボールジグなど。レギュラーテーパーのMクラス

●ベイトタックル+16〜20ポンドライン
テキサスリグ、ビッグベイトなど。ファストテーパーのMH〜Hクラス

レンタルボートのセッティング。取材でふたり乗りのため最後尾を空けてあるが、ひとりならここにバッテリーを置く。ハイデッキはあったほうがバスを目で探しやすい

ごめんバした(笑)

ダウンショットでようやく食わせたデカバスをミス。30分以上費やしたのに……。「1箇所で粘らない」と13ページで書いたけど、前言撤回か？

が変わった。ヒラヒラとうごめくテールのアクションが効いたのか、2～3投目にヒット！

　ところが余裕を持ってやりとりしていたらフックアウト。近距離なのでフッキングパワーが足りないはずはない。掛かりどころが悪かった？

青木「ダウンショットでいちおう食ったけど、これが正解かどうかはまだわからない。ルアーがハマっていたらもっとガッツリ食ってくれるだろうし」

　もういちどスモラバに持ち替えて流していく。ちょっとしたブッシュの際やオーバーハングの下をねらうとき、ダウンショットだとリーダーが絡んでしまいやすいからだ。

　しかしこの直後に反応してくれた2尾めのバスが、結果的には大きなヒントを与えてくれることになる。

STEP 2

「もしかして、虫ルアー？」

　ダムサイト南岸・ヅウタ親水公園下を流していた青木が再びエレキから足を離した。ちょっとしたバンクの張り出しでバスを発見したのだ。オーバーハングと呼ぶには大げさだが、小さな枝が水面に垂れ下がっているスポット。

　このバスもスモラバにはまったく反応してくれない。やはりルアーが合っていない？　枝に絡めたりと、小細工してもダメ。

　先ほど反応があったダウンショットに切り替えるのかと思いきや、青木はPEラ

インを巻いたスピニングを手に取る。

青木「夏っぽいパターンを試してみます。まだ時期が早いと思うけど」

水面に浮くワーム素材の「青木虫」でアプローチ開始。リザーバーでは夏に活躍するタイプのルアーで、例年ならスポーニングがひと段落した6月ごろから効くことが多い。青木が虫ルアーを投げるのもこれが今年初めてだという。

まずはバンク際に送り込み、シェイクで波紋を立てながら水面を横方向に引っぱってみる。続いて、枝を目がけてキャスト。意図的にラインを引っ掛けた状態でルアーを宙吊りにする「チョウチン」で、ルアーを横移動させずに1箇所で誘う。

最初にバイトを得たのはダウンショットだったが、ルアーを絞り込むのはまだ早い。虫ルアーも試してみる

すると、そっけない態度を取っていたバスが急に興味を示した。ためらうことなくバイト。30cm弱の小バスだが、ワームをしっかりくわえこんでいる。

青木「あっさり釣れちゃいましたね（笑）。反応するものがなんとなく見えてきた」

さらに上流へ向かうと川筋が細くなって、S字カーブを描く「星の広場」エリアに出ると、ほかの釣り人のボートが急に増えた。このあたりが釣れているのか？と思ってしまいそうな光景だが、他人が流してプレッシャーの掛かったあとを釣るのは得策ではない。よってスルー。

青木「ものすごい量の立ち木ですね。でも魚は1〜2尾しか見えない」

バスはなんらかの"モノ"や"変化"に付くのが好きな魚だ。しかし"同じモノ"ばかり続いているところには意外にいないという。チェックするなら立ち木のなかでも地形変化に絡んでいるとか、流れの当たる場所といったピンスポットを見極めるべき。

立ち木群を通過すると、急に魚影が目立つようになってきた。

ボトム丸見えの小さなワンドで、い

スモラバはシカト、でも虫ルアーは丸飲みだった1尾め。ということは？

星の広場エリアの巨大な立ち木群。雰囲気はいいのだが、今回は見掛け倒し。キャストもせずに通過する

かにもエサを探しているようすのバスがウロウロ。青木虫を投げると簡単に食ってきた。続いてビリ沢手前のレイダウンでチョウチン釣りを試す。黒いシルエットが浮上して……丸飲み！ 40cmジャストのアフターの魚である。

青木「水面のルアーにだけ強く反応するね。でも、さっきのバスはボトムの岩の下を見てたんだよな」

ほかにも2〜3尾の魚影が見えたので、しばらくこのエリアにステイ。すると岸際でボイルが起こった。何を追っているのかは不明だが、バンクの凹みに追い込んでいる模様。青木の挙動も急に鋭くなる。前傾姿勢で水しぶきの上がったそばへ撃ちこむ。浮きゴミに絡めてシェイク……。

青木「よっしゃ食った！」

これまた40cmを超えるグッドサイズ。コンディションも非常にいい。そして、フックを外そうとした青木はあることに気づいた。

青木「あ、エビ食ってるんだ」

バスの喉奥から、テナガエビの腕とヒゲが飛び出している。甲殻類はバスの産卵期が終わるころ増えはじめるというが、まさに定石どおりの1尾。ならばスモラバやネコリグで釣れてもよさそうなものだが、エビを水面に追いつめて食っているため、沈めると逆に見破られるのだろうと青木。虫系ルアーを操りながら"エビのマッチザベイト"にたどり着いた瞬間であった。

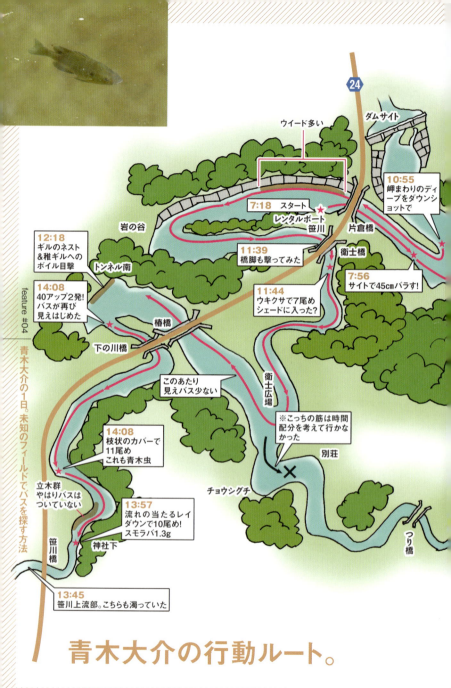

ビリ沢

8:46
ウイードパッチで2尾め
スモラバ1.3g

9:20～9:50
青木虫で3連発!
どれも40アップ
テナガエビ食ってる

ゴンカミ

9:12
青木虫でヒット

星の広場

小坪井沢

ツヅタ橋

10:25
上流は濁り強
Uターンする

人が多い
のでスルー

8:31
青木虫で1尾め
虫が効くのか?

バスの口からテナガエビの手が!

田代橋

強くて黒くて悪そうな40アップ!
青木虫を丸飲みにした喉の奥
からは、テナガエビのヒゲがの
ぞいていた

昼になると見えバスが減少。シェードにねらいを切り替えた

水は濁っていないが「ウキクサの色に合わせてカモフラージュ」するためのチャートというセレクト。午前中のヒントを踏まえ、ネコリグも水面で誘ってみる

STEP 3

「もうひとつの川筋へ」

　開始3時間で6尾。数字だけを見ればいとも簡単に釣れている印象だが、実際は魚影の多いエリアとそうでないエリアの差がハッキリしていた。

　小坪井沢をさかのぼるうち、水が少しずつ濁っていく。たまに魚の姿は見えるものの、数が減っているうえにサイズが小さい。最上流まで行き着く手前でUターン。

青木「ゴンカミ〜ビリ沢の周辺に魚が溜まってる。僕がサンデーアングラーだったら後半はココだけで粘りますね。逆方面の笹川筋まで探っちゃうのはリスクが大きい。釣れるかどうかわからないし」

　とはいえ、すでに答えの出た釣りを繰り返してもつまらない。青木は別の可能性を求めて笹川筋へ入っていった。ところが……。

青木「見える魚がいなくなってる。動きが変わったか？」

　正午が近づくにつれて日差しも強くなり、長袖では汗ばむほど。バスはシェードに入り込んだのかもしれない。青木虫とネコリグをローテーションしながら、日陰側のバンクを流していく。チビバスを1尾追加するも、

青木「あんまり魚がいない。もっとサクサク流しましょう」

　エレキのダイヤルを50〜60（ミンコタ製の場合。MAXは100）にスピードアップ。移動しながら気になるブッシュなどにキャストするが、エレキは踏んだまま。フォール→ピックアップという非常にすばやい展開で探っていく。

　速度を落としたのは、椿橋を回ったあたりだった。バスの姿が目につきはじめたのだ。シェードに絡むレイダウンの周辺ではボイルも頻発。よーく観察すると、